本書係「敦煌文獻系統性保護整理出版工程」項目成果

二〇二一—二〇三五年國家古籍工作規劃重點出版項目

「十四五」國家重點出版物出版規劃項目

國家古籍整理出版專項經費資助項目

中國國家圖書館藏敦煌文獻

中國國家圖書館　編

第四二册

BD00608～BD00628

國家圖書館出版社

DUNHUANG MANUSCRIPTS IN THE NATIONAL LIBRARY OF CHINA

042

BD00608 ~ BD00628

compiled by the

National Library of China

National Library of China Publishing House

顧問：方廣錩　郝春文　榮新江　李際寧

編纂出版：張志清　魏崇　陳紅彥　殷夢霞　薩仁高娃
謝冬榮　劉波　林世田　廖生訓

編纂：林世田　薩仁高娃　常蓋心　于瑞　劉毅超
劉波　劉炳梅　周升川　劉婷　程佳羽
沈艷麗　高雅

編輯：潘竹　程魯潔　黃鑫　苗文葉

審稿：孫彥　宋志英　鄧咏秋

凡例

一　本書刊布中國國家圖書館藏敦煌文獻，以館藏編號爲序編排。

二　館藏編號采用「BD+流水號」格式，如 BD00001, BD16579 等。背面在編號後加 v 表示。一個編號包含多件文獻者，編號後分别綴以字母 A, B, C 等。一件文獻含有多個内容者，以數字 -1, -2, -3 等標明順序。

三　圖版有縮印或放大處另加説明，尺寸超出本書幅面的以摺葉形式呈現。

四　卷軸裝、梵夾裝、經摺裝等裝幀形制的敦煌文獻，各附外觀圖像。

五　每件文獻依次呈現外觀、正面、背面等。背面僅刊布有文字、圖像或其他要素的圖版，而略去素紙部分，背面圖版同樣以從右到左順序編排。凡有外題者，遵從以上原則。

六　除個别特殊情况外，爲保證閲讀連貫、流暢，圖版儘量通欄呈現。

七　各葉上方附該件文獻全圖，以高亮形式顯示本葉大圖在全卷中的位置。部分長卷文獻全圖衹能分多段呈現時，在上段末以‹符標示下段接續。卷尾内容不足一葉時，文獻全圖使用該圖卷尾部分，亦以‹符標示。背面圖版文字與正面文字方向相反時，文獻全圖按原貌顯示，正文翻轉呈現，以便閲讀研究，用↻符標示。

八　文獻題名大體沿用中國國家圖書館此前所編多部敦煌文獻目録的考證，部分吸收學界最新研究成果略作調整和完善。文獻題名綜合參考原卷首題、尾題、外題確定，如原卷題名與該文獻正式名稱不同，則采用正式名稱；無題名者，或比定題名，或擬定新名。非漢文文獻在題名前標注語種。有分卷不同等其他情况者，括注於文獻名稱後。

九　本書著録使用通行繁體字，涉及原文中的人名、地名等，必要時保留原字形。

About this publication

1. The documents are presented in shelfmark order.
2. The shelfmarks are in the form BD plus a running number, eg. BD00001, BD16579, &c. If a given shelfmark contains multiple documents, these are distinguished by the letters A, B, C, &c. If a document has multiple contents, they are distinguished by the numbering 1, 2, 3, &c. The verso side of an item is indicated by the letter v.
3. If it has been necessary to reduce or enlarge the size of an illustration, the dimensions are indicated. If the size of an illustration exceeds the size of the book, a folding sheet is used.
4. If the document is a scroll, a folded sutra, or has a stitched binding, a picture of the whole object is provided to show its external appearance.
5. The cover, front, and back of each document are reproduced in sequence. The back of a document is only reproduced if it contains text, illustrations, or other markings, and it is oriented from right to left. If it is blank it is not reproduced.
6. Except in a few special cases, the lines of text are reproduced unbroken to make them coherent and easier to read.
7. An illustration of the complete document is reproduced at the top of each page, and the section where the main illustration appears is highlighted in order to indicate its position. If it has only been possible to reproduce a long scroll in sections, the direction symbol has been used to indicate where one illustration ends and the next one begins. If the end of the scroll occupies less than one page, the direction symbol is used to indicate its position in the illustration of the complete document. If the text on the back of the document has a different orientation from the text on the front, it is reproduced as it is, but is also rotated (indicated with the rotation symbol) so that it can be read easily.
8. The titles of the documents generally conform with those already established by the Library, but in some cases have been amended by drawing on the most recent scholarly research. The titles are derived firstly from the beginning of the text, then from the end of the text, and lastly from the cover. If the title of a document differs from its authoritative form, the authoritative form is used; and if a document has no title, one is either supplied by comparison with similar documents, or a new one is devised. If the document is not in Chinese, its language is indicated before the title. If the number of juan is different from that of the authoritative version, or if there are other irregularities, this is noted.
9. The documents in the book are in traditional Chinese characters. Where the title contains personal or place names, the original characters used for these names are retained.

(Translated by David Helliwell)

第四二册目録

凡　例 …… 一
About this publication …… 三
BD00608　大般若波羅蜜多經卷二七七 …… 二
BD00609　金光明經卷二 …… 四〇
BD00610　大般若波羅蜜多經卷三七 …… 四六
BD00611-1　懺悔滅罪金光明經冥報傳 …… 五二
BD00611-2　金光明經卷一 …… 五八
BD00612　金光明最勝王經卷九 …… 八八
BD00613　妙法蓮華經卷二（空號）
BD00614　大般若波羅蜜多經卷三五六 …… 一二〇

BD00615 大乘密嚴經卷中 一二六

BD00616 大般若波羅蜜多經卷二〇一 一四四

BD00617 大般若波羅蜜多經（空號）

BD00618 大般若波羅蜜多經卷二七四 一七六

BD00619 金剛般若波羅蜜經（空號）

BD00620 金光明經（空號）

BD00621 妙法蓮華經卷二 一八六

BD00622 大般若波羅蜜多經卷五八五 一九二

BD00623 十二光禮禮懺文等（擬） 一九八

BD00624 妙法蓮華經卷五 二一〇

BD00625 維摩詰所説經卷中 二五六

BD00626 金剛般若波羅蜜經 二六二
BD00627 維摩詰所説經卷中 二六八
BD00628 無量壽宗要經（甲本） 二七四

BD00608

大般若波羅蜜多經卷二七七

（唐）玄奘 譯

846.3cm×26cm

智清淨若
二分无別
四神足五根
四正斷乃
淨故大悲清淨何以故若一
四正斷乃至八聖道支清淨
二无二分无別无斷故善現
故空解脫門清淨空解脫
淨何以故若一切智智清
淨若大悲清淨若无二无
切智智清淨故无相无
无願解脫門清淨故大悲
切智智清淨若无相无願解
悲清淨无二无二分无別无斷故

智智清淨故菩薩十地清淨菩薩
故大悲清淨何以故若一切智智清淨
薩十地清淨若大悲清淨无二无二分无別
无斷故善現一切智智清淨故五眼清淨五
眼清淨故大悲清淨何以故若一切智智清
淨若五眼清淨若大悲清淨无二无二分无
別无斷故一切智智清淨故六神通清淨六
神通清淨故大悲清淨何以故若一切智智
清淨若六神通清淨若大悲清淨无二无二
分无別无斷故善現一切智智清淨故佛十
力清淨佛十力清淨故大悲清淨何以故若
一切智智清淨若佛十力清淨若大悲
无二无二分无別无斷故一切智智清淨故
四无所畏四无礙解大慈大喜大捨十八佛

[illegible]
四无所畏四无礙解大慈大喜大捨十八佛
不共法清淨四无所畏乃至十八佛不共法
清淨故大悲清淨何以故若一切智智清淨
若四无所畏乃至十八佛不共法清淨若大
悲清淨无二无二分无別无斷故善現一切
智智清淨故无忘失法清淨无忘失法清淨
故大悲清淨何以故若一切智智清淨若无
忘失法清淨若大悲清淨无二无二分无別
无斷故一切智智清淨故恒住捨性清淨恒
住捨性清淨故大悲清淨何以故若一切智
智清淨若恒住捨性清淨若大悲清淨无二
无二分无別无斷故善現一切智智清淨故一
切智清淨一切智清淨故大悲清淨何以
故若一切智智清淨若一切智清淨若大悲

清淨无二无二分无別无斷故一切智智清
淨故道相智一切相智清淨道相智一切相
智清淨故大悲清淨何以故若一切智智清
淨若道相智一切相智清淨若大悲清淨无
二无二分无別无斷故善現一切智智清淨
故一切陁羅尼門清淨一切陁羅尼門清淨
故大悲清淨何以故若一切智智清淨若一
切陁羅尼門清淨若大悲清淨无二无二分
无別无斷故一切智智清淨故一切三摩地門
清淨一切三摩地門清淨故大悲清淨何以
故若一切智智清淨若一切三摩地門清淨
若大慈清淨无二无二分无別无斷故
善現一切智智清淨故預流果清淨預流果
清淨故大悲清淨何以故若一切智智清淨

善現一切智智清淨故
清淨故大悲清淨何以故若一切智智清淨
若預流果清淨若大悲清淨無二無二分無
別無斷故一切智智清淨故一來不還阿羅
漢果清淨一來不還阿羅漢果清淨故大悲
清淨何以故若一切智智清淨若一來不還
阿羅漢果清淨若大悲清淨無二無二分無
別無斷故善現一切智智清淨故獨覺菩提
清淨獨覺菩提清淨故大悲清淨何以故若
一切智智清淨若獨覺菩提清淨若大悲清
淨無二無二分無別無斷故善現一切智智
清淨故一切菩薩摩訶薩行清淨一切菩薩
摩訶薩行清淨故大悲清淨何以故若一切
智智清淨若一切菩薩摩訶薩行清淨若大
悲清淨無二無二分無別無斷故善現一切

智智清淨故諸佛无上正等菩提清淨諸佛
无上正等菩提清淨故大悲清淨何以故若
一切智智清淨若諸佛无上正等菩提清淨
若大悲清淨无二无二分无別无斷故
復次善現一切智智清淨故色清淨色清淨
故大喜清淨何以故若一切智智清淨若色
清淨若大喜清淨无二无二分无別无斷故
一切智智清淨故受想行識清淨受想行識
清淨故大喜清淨何以故若一切智智清淨
若受想行識清淨若大喜清淨无二无二分
无別无斷故善現一切智智清淨故眼處清
淨眼處清淨故大喜清淨何以故若一切智
智清淨若眼處清淨若大喜清淨无二无二
分无別无斷故一切智智清淨故耳鼻舌身

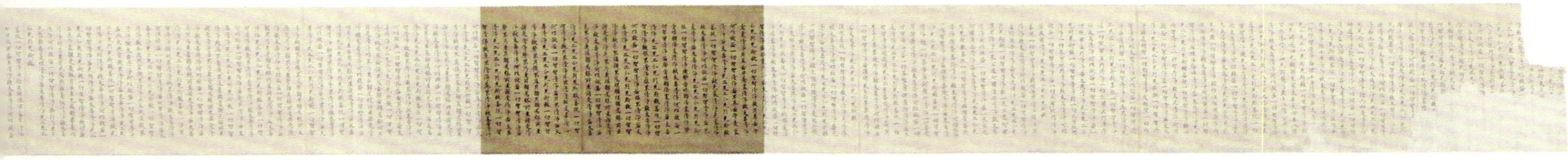

分无別无斷故一切智智清淨故耳鼻舌身
意處清淨耳鼻舌身意處清淨故大喜清淨
何以故若一切智智清淨若耳鼻舌身意處
清淨若大喜清淨无二无二分无別无斷故
善現一切智智清淨故色處清淨色處清淨
故大喜清淨何以故若一切智智清淨若色
處清淨若大喜清淨无二无二分无別无斷
故一切智智清淨故聲香味觸法處清淨聲
香味觸法處清淨故大喜清淨何以故若一
切智智清淨若聲香味觸法處清淨若大喜
清淨无二无二分无別无斷故善現一切智
智清淨故眼界清淨眼界清淨故大喜清淨
何以故若一切智智清淨若眼界清淨若大
喜清淨无二无二分无別无斷故一切智智

清淨故色界眼識界及眼觸眼觸為緣所生
諸受清淨色界乃至眼觸為緣所生諸受清
淨故大喜清淨何以故若一切智智清淨若
色界乃至眼觸為緣所生諸受清淨若大喜
清淨无二无二分无別无斷故善現一切智
智清淨故耳界清淨耳界清淨故大喜清淨
何以故若一切智智清淨若耳界清淨若大
喜清淨无二无二分无別无斷故一切智智
清淨故聲界耳識界及耳觸耳觸為緣所生
諸受清淨聲界乃至耳觸為緣所生諸受清
淨故大喜清淨何以故若一切智智清淨若
聲界乃至耳觸為緣所生諸受清淨若大喜
清淨无二无二分无別无斷故善現一切智
智清淨故鼻界清淨鼻界清淨故大喜清淨

清淨无二无二分无別无斷故一切智智
智清淨故鼻界清淨鼻界清淨故大喜清淨
何以故若一切智智清淨若鼻界清淨若大
喜清淨无二无二分无別无斷故一切智智
清淨故香界鼻識界及鼻觸鼻觸爲緣所生
諸受清淨香界乃至鼻觸爲緣所生諸受清
淨故大喜清淨何以故若一切智智清淨若
香界乃至鼻觸爲緣所生諸受清淨若大喜
清淨无二无二分无別无斷故善現一切智
智清淨故舌界清淨舌界清淨故大喜清淨
何以故若一切智智清淨若舌界清淨若大
喜清淨无二无二分无別无斷故一切智智
清淨故味界舌識界及舌觸舌觸爲緣所生
諸受清淨味界乃至舌觸爲緣所生諸受清
淨故大喜清淨何以故若一切智智清淨若

味界乃至舌觸為緣所生諸受清淨若大善
清淨无二无二分无別无斷故善現一切智
智清淨故身界清淨身界清淨故大善清淨
何以故若一切智智清淨若身界清淨若大
善清淨无二无二分无別无斷故一切智智
清淨故觸界身識界及身觸身觸為緣所生
諸受清淨觸界乃至身觸為緣所生諸受清
淨故大善清淨何以故若一切智智清淨若
觸界乃至身觸為緣所生諸受清淨若大善
清淨无二无二分无別无斷故善現一切智
智清淨故意界清淨意界清淨故大善清淨
何以故若一切智智清淨若意界清淨若大
善清淨无二无二分无別无斷故一切智智
清淨故法界意識界及意觸意觸為緣所生

清淨故法界意識界及意觸意觸爲緣所生
諸受清淨法界乃至意觸爲緣所生諸受清
淨故大喜清淨何以故若一切智智清淨若
法界乃至意觸爲緣所生諸受清淨若大喜
清淨无二无二分无別无斷故善現一切智
智清淨故地界清淨地界清淨故大喜清淨
何以故若一切智智清淨若地界清淨若大
喜清淨无二无二分无別无斷故一切智智
清淨故水火風空識界清淨水火風空識界
清淨故大喜清淨何以故若一切智智清淨
若水火風空識界清淨若大喜清淨无二无
二分无別无斷故善現一切智智清淨故无
明清淨无明清淨故大喜清淨何以故若一
切智智清淨若无明清淨若大喜清淨无二

无二分无別无斷故一切智智清淨故行識
名色六處觸受愛取有生老死愁歎苦憂惱
清淨行乃至老死愁歎苦憂惱清淨故大喜
清淨何以故若一切智智清淨若行乃至老
死愁歎苦憂惱清淨若大喜清淨无二无二
分无別无斷故
善現一切智智清淨故布施波羅蜜多清淨
布施波羅蜜多清淨故大喜清淨何以故若
一切智智清淨若布施波羅蜜多清淨若大
喜清淨无二无二分无別无斷故一切智智清
淨故淨戒安忍精進靜慮般若波羅蜜多
清淨淨戒乃至般若波羅蜜多清淨故大喜
清淨何以故若一切智智清淨若淨戒乃至
般若波羅蜜多清淨若大喜清淨无二无二

清淨何以故若一切智智清淨若
般若波羅蜜多清淨若大喜清淨无二无二
分无別无斷故善現一切智智清淨故內空
清淨內空清淨故大喜清淨何以故若一切
智智清淨若內空清淨若大喜清淨无二无
二分无別无斷故一切智智清淨故外空內
外空空空大空勝義空有為空无為空畢
竟空无際空散空无變異空本性空自相空共
相空一切法空不可得空无性空自性空无
性自性空清淨外空乃至无性自性空清淨
故大喜清淨何以故若一切智智清淨若外
空乃至无性自性空清淨若大喜清淨无二
无二分无別无斷故善現一切智智清淨故
真如清淨真如清淨故大喜清淨何以故若
一切智智清淨若真如清淨若大喜清淨无

二无二分无別无斷故一切智智清淨故六
界法性不虛妄性不變異性平等性離生性
法定法住實際虛空界不思議界清淨法界
乃至不思議界清淨故大喜清淨何以故若
一切智智清淨若法界乃至不思議界清淨
若大喜清淨无二无二分无別无斷故善現
一切智智清淨故苦聖諦清淨苦聖諦清淨
故大喜清淨何以故若一切智智清淨若苦
聖諦清淨若大喜清淨无二无二分无別无
斷故一切智智清淨故集滅道聖諦清淨集
滅道聖諦清淨故大喜清淨何以故若一切
智智清淨若集滅道聖諦清淨若大喜清淨
无二无二分无別无斷故善現一切智智清
淨故四靜慮清淨四靜慮清淨故大喜清淨

淨故四靜慮清淨四靜慮清淨故大喜清淨
何以故若一切智智清淨若四靜慮清淨若
大喜清淨无二无二分无別无斷故一切智智
清淨故四无量四无色定清淨四无量四无
色定清淨故大喜清淨何以故若一切智智
清淨若四无量四无色定清淨若大喜清淨
无二无二分无別无斷故善現一切智智清
淨故八解脫清淨八解脫清淨故大喜清淨
何以故若一切智智清淨若八解脫清淨若
大喜清淨无二无二分无別无斷故一切智
智清淨故八勝處九次第定十遍處清淨八
勝處九次第定十遍處清淨故大喜清淨何
以故若一切智智清淨若八勝處九次第定
十遍處清淨若大喜清淨无二无二分无別

无斷故善現一切智智清淨故四念住清淨
四念住清淨故大喜清淨何以故若一切智
智清淨若四念住清淨若大喜清淨无二无
二分无別无斷故一切智智清淨故四正斷
四神足五根五力七等覺支八聖道支清淨
四正斷乃至八聖道支清淨故大喜清淨何
以故若一切智智清淨若四正斷乃至八聖
道支清淨若大喜清淨无二无二分无別无
斷故善現一切智智清淨故空解脫門清淨空
解脫門清淨故大喜清淨何以故若一切
智智清淨若空解脫門清淨若大喜清淨无
二无二分无別无斷故一切智智清淨故无
相无願解脫門清淨无相无願解脫門清淨
故大喜清淨何以故若一切智智清淨若无

[illegible]
故大喜清淨何以故若一切智智清淨若无
相无願解脫門清淨若大喜清淨无二无二
分无別无斷故善現一切智智清淨故菩薩
十地清淨菩薩十地清淨故大喜清淨何以
故若一切智智清淨若菩薩十地清淨若大
喜清淨无二无二分无別无斷故
善現一切智智清淨故五眼清淨五眼清淨
故大喜清淨何以故若一切智智清淨若五
眼清淨若大喜清淨无二无二分无別无斷
故一切智智清淨故六神通清淨六神通清
淨故大喜清淨何以故若一切智智清淨若
六神通清淨若大喜清淨无二无二分无別
无斷故善現一切智智清淨故佛十力清淨
佛十力清淨故大喜清淨何以故若一切智

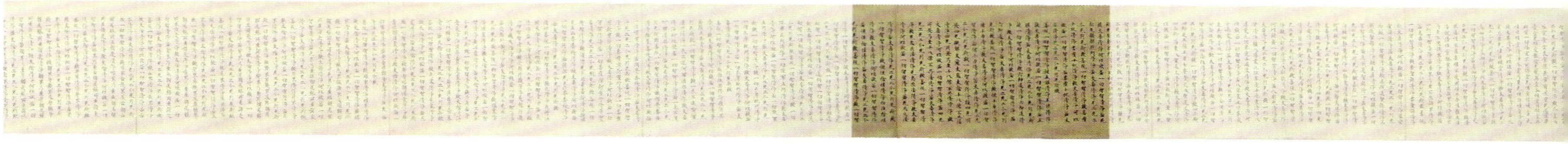

智清淨若佛十力清淨若大喜清淨无二无
二分无別无斷故一切智智清淨故四无所
畏四无礙解大慈大悲大捨十八佛不共法
清淨四无所畏乃至十八佛不共法清淨故
大喜清淨何以故若一切智智清淨若四无
所畏乃至十八佛不共法清淨若大喜清淨
无二无二分无別无斷故善現一切智智清
淨故无忘失法清淨无忘失法清淨故大喜
清淨何以故若一切智智清淨若无忘失法
清淨若大喜清淨无二无二分无別无斷故
一切智智清淨故恒住捨性清淨恒住捨性
清淨故大喜清淨何以故若一切智智清淨
若恒住捨性清淨若大喜清淨无二无二分
无別无斷故善現一切智智清淨故一切智

无別无斷故善現一切智智清淨故一切智
清淨一切智清淨故大喜清淨何以故若一
切智智清淨若一切智清淨若大喜清淨无
二无二分无別无斷故一切智智清淨故道
相智一切相智清淨道相智一切相智清淨
故大喜清淨何以故若一切智智清淨若道
相智一切相智清淨若大喜清淨无二无二
分无別无斷故善現一切智智清淨故一切
陁羅尼門清淨一切陁羅尼門清淨故大喜
清淨何以故若一切智智清淨若一切陁羅
尼門清淨若大喜清淨无二无二分无別无
斷故一切智智清淨故一切三摩地門清淨
一切三摩地門清淨故大喜清淨何以故若
一切智智清淨若一切三摩地門清淨若大

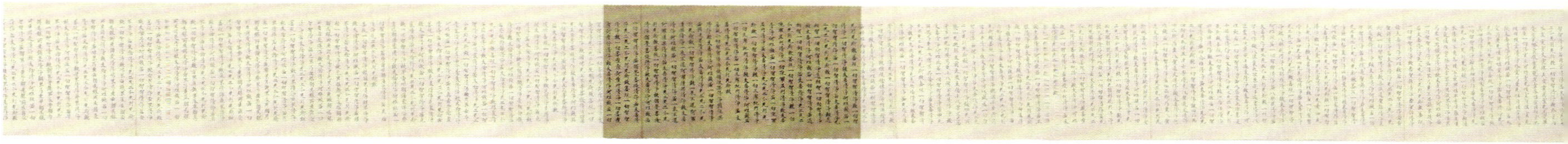

喜清淨無二無二分無別無斷故
善現一切智智清淨故預流果清淨預流果
清淨故大喜清淨何以故若一切智智清淨
若預流果清淨若大喜清淨無二無二分無
別無斷故一切智智清淨故一來不還阿羅
漢果清淨一來不還阿羅漢果清淨故大喜
清淨何以故若一切智智清淨若一來不還
阿羅漢果清淨若大喜清淨無二無二分無
別無斷故善現一切智智清淨故獨覺菩提
清淨獨覺菩提清淨故大喜清淨何以故若
一切智智清淨若獨覺菩提清淨若大喜清
淨無二無二分無別無斷故善現一切智智
清淨故一切菩薩摩訶薩行清淨一切菩薩
摩訶薩行清淨故大喜清淨何以故若一切

清淨故一切菩薩摩訶薩行清淨一切菩薩
摩訶薩行清淨故大喜清淨何以故若一切
智智清淨若一切菩薩摩訶薩行清淨若大
喜清淨无二无二分无別无斷故善現一切
智智清淨故諸佛无上正等菩提清淨諸佛
无上正等菩提清淨故大喜清淨何以故若
一切智智清淨若諸佛无上正等菩提清淨
若大喜清淨无二无二分无別无斷故
復次善現一切智智清淨故色清淨色清淨
故大捨清淨何以故若一切智智清淨若色
清淨若大捨清淨无二无二分无別无斷故
一切智智清淨故受想行識清淨受想行識
清淨故大捨清淨何以故若一切智智清淨
若受想行識清淨若大捨清淨无二无二分
无別无斷故善現一切智智清淨故眼處清

淨眼處清淨故大捨清淨何以故若一切智
智清淨若眼處清淨若大捨清淨无二无二
分无別无斷故一切智智清淨故耳鼻舌身
意處清淨耳鼻舌身意處清淨故大捨清淨
何以故若一切智智清淨若耳鼻舌身意處
清淨若大捨清淨无二无二分无別无斷故
善現一切智智清淨故色處清淨色處清淨
故大捨清淨何以故若一切智智清淨若色
處清淨若大捨清淨无二无二分无別无斷
故一切智智清淨故聲香味觸法處清淨聲
香味觸法處清淨故大捨清淨何以故若一
切智智清淨若聲香味觸法處清淨若大捨
清淨无二无二分无別无斷故
善現一切智智清淨故眼界清淨眼界清淨

善現一切智智清淨故眼界清淨眼界清淨
故大捨清淨何以故若一切智智清淨若眼
界清淨若大捨清淨无二无二分无別无斷
故一切智智清淨故色界眼識界及眼觸眼
觸為緣所生諸受清淨色界乃至眼觸為緣
所生諸受清淨故大捨清淨何以故若一切
智智清淨若色界乃至眼觸為緣所生諸受
清淨若大捨清淨无二无二分无別无斷故
善現一切智智清淨故耳界清淨耳界清淨
故大捨清淨何以故若一切智智清淨若耳
界清淨若大捨清淨无二无二分无別无斷
故一切智智清淨故聲界耳識界及耳觸耳
觸為緣所生諸受清淨聲界乃至耳觸為緣
所生諸受清淨故大捨清淨何以故若一切

智智清淨若聲界乃至耳觸為緣所生諸受
清淨若大捨清淨无二无二分无別无斷故
善現一切智智清淨故鼻界清淨鼻界清淨
故大捨清淨何以故若一切智智清淨若鼻
界清淨若大捨清淨无二无二分无別无斷
故一切智智清淨故香界鼻識界及鼻觸鼻
觸為緣所生諸受清淨香界乃至鼻觸為緣
所生諸受清淨故大捨清淨何以故若一切
智智清淨若香界乃至鼻觸為緣所生諸受
清淨若大捨清淨无二无二分无別无斷故
善現一切智智清淨故舌界清淨舌界清淨
故大捨清淨何以故若一切智智清淨若舌
界清淨若大捨清淨无二无二分无別无斷
故一切智智清淨故味界舌識界及舌觸舌

故一切智智清淨故味界舌識界及舌觸舌
觸為緣所生諸受清淨味界乃至舌觸為緣
所生諸受清淨故大捨清淨何以故若一切
智智清淨若味界乃至舌觸為緣所生諸受
清淨若大捨清淨无二无二分无別无斷故
善現一切智智清淨故身界清淨身界清淨
故大捨清淨何以故若一切智智清淨若身
界清淨若大捨清淨无二无二分无別无斷
故一切智智清淨故觸界身識界及身觸身
觸為緣所生諸受清淨觸界乃至身觸為緣
所生諸受清淨故大捨清淨何以故若一切
智智清淨若觸界乃至身觸為緣所生諸受
清淨若大捨清淨无二无二分无別无斷故
善現一切智智清淨故意界清淨意界清淨

故大捨清淨何以故若一切智智清淨若意
界清淨若大捨清淨无二无二分无別无斷
故一切智智清淨故法界意識界及意觸意
觸為緣所生諸受清淨法界乃至意觸為緣
所生諸受清淨故大捨清淨何以故若一切
智智清淨若法界乃至意觸為緣所生諸受
清淨若大捨清淨无二无二分无別无斷故
善現一切智智清淨故地界清淨地界清淨
故大捨清淨何以故若一切智智清淨若地
界清淨若大捨清淨无二无二分无別无斷
故一切智智清淨故水火風空識界清淨水
火風空識界清淨故大捨清淨何以故若一
切智智清淨若水火風空識界清淨若大捨
清淨无二无二分无別无斷故善現一切智智

清淨无二无二分无別无斷故善現一切智智
清淨故无明清淨无明清淨故大捨清淨
何以故若一切智智清淨若无明清淨若大
捨清淨无二无二分无別无斷故一切智智
清淨故行識名色六處觸受愛取有生老死
愁歎苦憂惱清淨行乃至老死愁歎苦憂惱
清淨故大捨清淨何以故若一切智智清淨
若行乃至老死愁歎苦憂惱清淨若大捨清
淨无二无二分无別无斷故
善現一切智智清淨故布施波羅蜜多清淨
布施波羅蜜多清淨故大捨清淨何以故若
一切智智清淨若布施波羅蜜多清淨若大
捨清淨无二无二分无別无斷故一切智智
清淨故淨戒安忍精進靜慮般若波羅蜜多

淸淨戒乃至般若波羅蜜多淸淨故大捨
淸淨何以故若一切智智淸淨若淨戒乃至
般若波羅蜜多淸淨若大捨淸淨无二无二
分无別无斷故善現一切智智淸淨故內空
淸淨內空淸淨故大捨淸淨何以故若一切
智智淸淨若內空淸淨若大捨淸淨无二无
二分无別无斷故一切智智淸淨故外空內
外空空空大空勝義空有爲空无爲空畢竟
空无際空散空无變異空本性空自相空共相
空一切法空不可得空无性空自性空无
性自性空淸淨外空乃至无性自性空淸淨
故大捨淸淨何以故若一切智智淸淨若外
空乃至无性自性空淸淨若大捨淸淨无二
无二分无別无斷故善現一切智智淸淨故

无二分无别无斷故善現一切智智清淨故
真如清淨真如清淨故大捨清淨何以故若
一切智智清淨若真如清淨若大捨清淨无
二无二分无别无斷故一切智智清淨故法
界法性不虛妄性不變異性平等性離生性
法定法住實際虛空界不思議界清淨法界
乃至不思議界清淨故大捨清淨何以故若
一切智智清淨若法界乃至不思議界清淨
若大捨清淨无二无二分无别无斷故善現
一切智智清淨故苦聖諦清淨苦聖諦清淨
故大捨清淨何以故若一切智智清淨若苦
聖諦清淨若大捨清淨无二无二分无别无
斷故一切智智清淨故集滅道聖諦清淨集
滅道聖諦清淨故大捨清淨何以故若一切

智智清淨若集滅道聖諦清淨若大捨清
无二无二分无别无斷故善現一切智智清
淨故四靜慮清淨四靜慮清淨故大捨清淨
何以故若一切智智清淨若四靜慮清淨若
大捨清淨无二无二分无别无斷故一切智
智清淨故四无量四无色定清淨四无量四
无色定清淨故大捨清淨何以故若一切智
智清淨若四无量四无色定清淨若大捨清
淨无二无二分无别无斷故善現一切智智
清淨故八解脫清淨八解脫清淨故大捨清
淨何以故若一切智智清淨若八解脫清淨
若大捨清淨无二无二分无别无斷故一切
智智清淨故八勝處九次第定十遍處清淨
八勝處九次第定十遍處清淨故大捨清淨

BD00608　大般若波羅蜜多經卷二七七

八勝處九次第定十遍處清淨故大捨清淨
何以故若一切智智清淨若八勝處九次第
定十遍處清淨若大捨清淨无二无二分无
別无斷故善現一切智智清淨四念住清
淨四念住清淨故大捨清淨何以故若一切
智智清淨若四念住清淨若大捨清淨无二
无二分无別无斷故一切智智清淨故四正
斷四神足五根五力七等覺支八聖道支清
淨四正斷乃至八聖道支清淨故大捨清淨
何以故若一切智智清淨若四正斷乃至八
聖道支清淨若大捨清淨无二无二分无別
无斷故善現一切智智清淨故空解脫門清
淨空解脫門清淨故大捨清淨何以故若一
切智智清淨若空解脫門清淨若大捨清淨

无二无二分无別无斷故一切智智清淨故
无相无願解脫門清淨无相无願解脫門清
淨故大捨清淨何以故若一切智智清淨若
无相无願解脫門清淨若大捨清淨无二无
二分无別无斷故善現一切智智清淨故菩
薩十地清淨菩薩十地清淨故大捨清淨何
以故若一切智智清淨若菩薩十地清淨若
大捨清淨无二无二分无別无斷故
善現一切智智清淨故五眼清淨五眼清淨
故大捨清淨何以故若一切智智清淨若五
眼清淨若大捨清淨无二无二分无別无斷
故一切智智清淨故六神通清淨六神通清
淨故大捨清淨何以故若一切智智清淨若
六神通清淨若大捨清淨无二无二分无別
无斷故善現一切智智清淨故佛十力清淨

六神通清淨若大捨清淨无二无二分无別
无斷故善現一切智智清淨故佛十力清淨
佛十力清淨故大捨清淨何以故若一切智
智清淨若佛十力清淨若大捨清淨无二无
二分无別无斷故一切智智清淨故四无所
畏四无礙解大慈大悲大喜十八佛不共法
清淨四无所畏乃至十八佛不共法清淨故
大捨清淨何以故若一切智智清淨若四无
所畏乃至十八佛不共法清淨若大捨清淨
无二无二分无別无斷故善現一切智智清
淨故无忘失法清淨无忘失法清淨故大捨
清淨何以故若一切智智清淨若无忘失法
清淨若大捨清淨无二无二分无別无斷故
一切智智清淨故恒住捨性清淨恒住捨性

清淨故大捨清淨何以故若一切智智清淨
若恒住捨性清淨若大捨清淨无二无二分
无別无斷故
善現一切智智清淨故一切智清淨一切智
清淨故大捨清淨何以故若一切智智清淨
若一切智清淨若大捨清淨无二无二分无
別无斷故一切智智清淨故道相智一切相
智清淨道相智一切相智清淨故大捨清淨
何以故若一切智智清淨若道相智一切相
智清淨若大捨清淨无二无二分无別无斷
故善現一切智智清淨故一切陁羅尼門清
淨一切陁羅尼門清淨故大捨清淨何以故
若一切智智清淨若一切陁羅尼門清淨若
大捨清淨无二无二分无別无斷故一切智

若一切[illegible]
大捨清淨无二无二分无別无斷故一切智
智清淨故一切三摩地門清淨一切三摩地
門清淨故大捨清淨何以故若一切智智清
淨若一切三摩地門清淨若大捨清淨无二
无二分无別无斷故善現一切智智清淨故
預流果清淨預流果清淨故大捨清淨何以
故若一切智智清淨若預流果清淨若大捨
清淨无二无二分无別无斷故一切智智清
淨故一來不還阿羅漢果清淨一來不還阿
羅漢果清淨故大捨清淨何以故若一切智
智清淨若一來不還阿羅漢果清淨若大捨
清淨无二无二分无別无斷故善現一切智
智清淨故獨覺菩提清淨獨覺菩提清淨故
大捨清淨何以故若一切智智清淨若獨覺

菩提清淨若大捨清淨无二无二分无別无
斷故善現一切智智清淨故一切菩薩摩訶
薩行清淨一切菩薩摩訶薩行清淨故大捨
清淨何以故若一切智智清淨若一切菩薩
摩訶薩行清淨若大捨清淨无二无二分无
別无斷故善現一切智智清淨故諸佛无上
正等菩提清淨諸佛无上正等菩提清淨故
大捨清淨何以故若一切智智清淨若諸佛
无上正等菩提清淨若大捨清淨无二无二
分无別无斷故

大般若波羅蜜多經卷第二百七十七

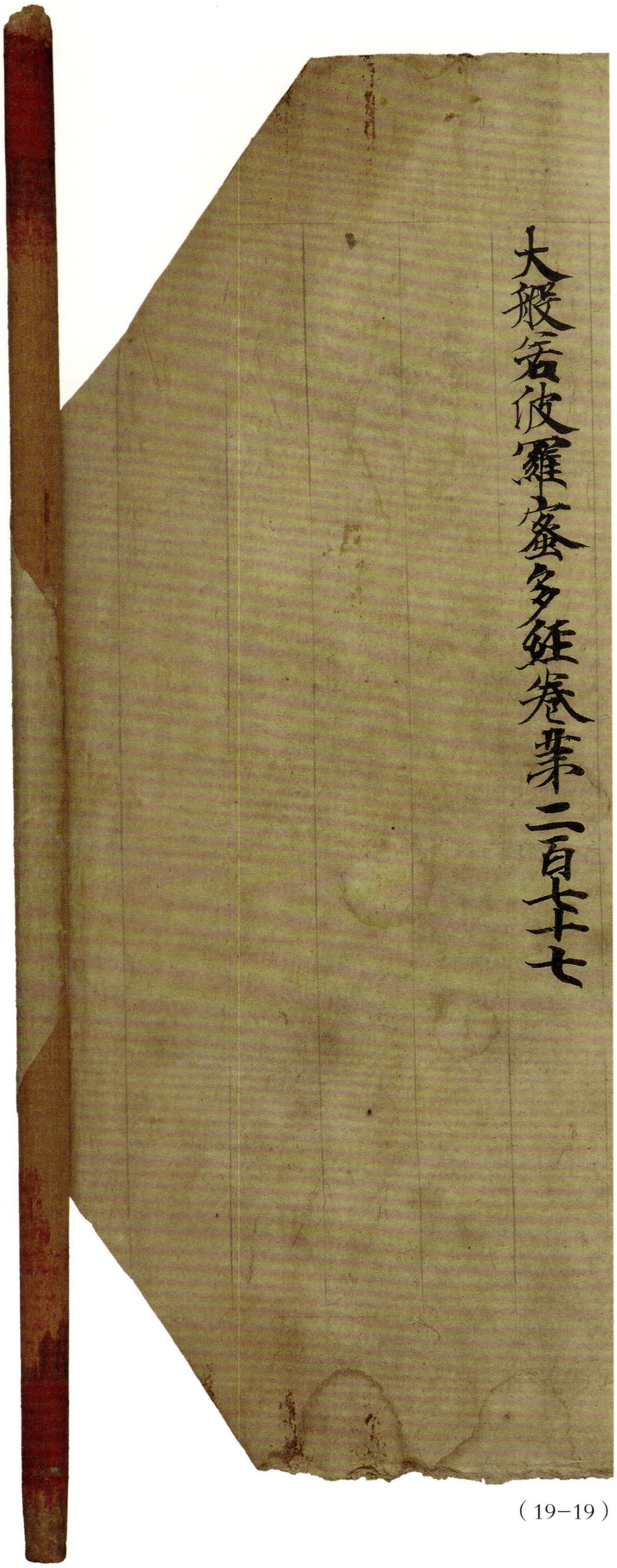

BD00608　大般若波羅蜜多經卷二七七　（19–19）

BD00609 金光明經卷二

（北凉）曇無讖 譯

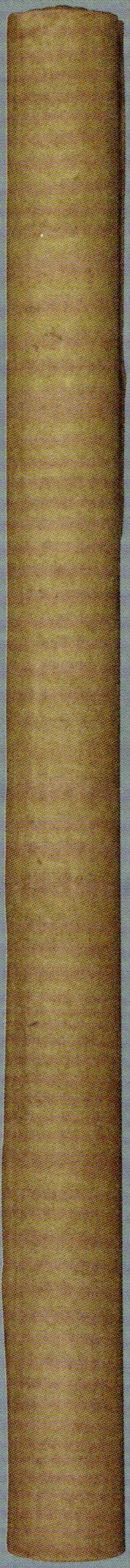

84.3cm × 26.2cm

成辦有大勢力精勤
安隱豐樂人民熾盛一切衆生多受快樂應
心適意隨其所樂是諸衆生得是威德大勢力
已能供養是金光明經及恭敬供養受持經者
四部之衆我於尒時當往其所爲諸衆生受
快樂故請説法者廣令宣布如是妙典何以
故世尊是金光明若廣説時我及眷屬所得
切德倍過於常增長身力心進勇鋭世尊我
服甘露无上味已閻浮提地縱廣七千由旬
豐壤倍常世尊如此大地衆生所依悉能增
長一切所須之物增長一切所須物已令諸衆
生隨意所用受於快樂種種飲食衣服卧
具宫殿屋宅樹木林菀河池泉井如是等物
依因於地悉皆具足是故世尊是皆衆生爲

知我恩應作是念我當畢定聽受是經供養
恭敬尊重讚嘆作是念已即從住處若城邑
聚落舍宅空地往法會所聽受是經即聽受
已還其所止各應相慶作如是言我等今者
聞此甚深无上妙法已爲攝取不可思議功
德之聚值遇无量无邊諸佛三惡道報已
解脫於未來世常生天上人中受樂是諸衆
生各於住處若爲他人演說是經若說一喻
一品一緣若復稱嘆一佛菩薩一四句偈乃至
一句及稱是經首題名字世尊隨是衆生
所住之處其地具足豐壤肥濃過於餘地凡
是因地所生之物悉得增長滋茂廣大悉令
衆生受於快樂多饒財寶好行惠施心常堅
固深信三寶尒時佛告地神堅牢若有衆生

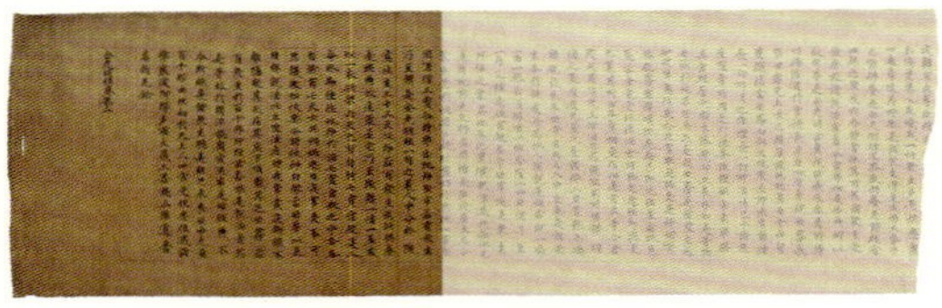

固深信三寶尒時佛告地神堅牢若有衆生
乃至聞是金光明經一句之義人中命終 隨
意往生三十三天地神若有衆生爲欲供養
是經典故莊嚴屋宅乃至張懸一幡一蓋或
以一衣欲界六天已有自然七寶宮殿是人
命終即往彼地神於諸七寶宮殿之中各各
自然有七天女共相娛樂日夜常受不可
思議微妙快樂尒時地神白佛言世尊以是
因緣說法比丘坐法座時我常晝夜衛護不
離隱蔽其形在其座下頂戴其足世尊若
有衆生於百千佛所種諸善根是說法者爲
是等故於閻浮提廣宣流布是妙經典不
命斷絕是諸衆生聽是經已未來世中无量
百千那由他劫於天上人中常受快樂值遇諸

佛菩薩成阿耨多羅三藐三菩提三惡道苦

悉斷无餘

金光明經卷第二

BD00610 大般若波羅蜜多經卷三七

（唐）玄奘 譯

85cm × 29.1cm

[illegible]
空無相無願六波羅蜜多不可說於四念住
乃至八聖道支不可說於佛十力乃至一切相
智不可說於如幻乃至如變化事五取蘊等
不可說於寂靜遠離無生無滅無染無淨絕
說戲論真如法界法性實際平等性離生性
不可說於常無常乃至屬生死屬涅槃法不
可說於過去未來現在乃至在內在外在兩
間法不可說於十方殑伽沙等世界若佛若
菩薩若聲聞僧等不可說何以故如上所說
諸法集散皆不可得不可見故
世尊如上所說五蘊等名無處可說如是菩
薩摩訶薩及般若波羅蜜多名亦無處可說
如戒定慧解脫解脫智見名無處可說如是
菩薩摩訶薩及般若波羅蜜多名亦無處可

說如預流一來不還阿羅漢獨覺如來及彼
諸法名無處可說如是菩薩摩訶薩及般若
波羅蜜多名亦無處可說世尊如一切名有
名若無名皆無處可說如是菩薩摩訶薩及
般若波羅蜜多名亦無處可說所以者何如
是諸法皆無所住亦非不住何以故是諸名
義既無所有故是諸名皆無所住亦非不住
世尊我依是義故於諸法不得不見若集若
散云何可言此名菩薩摩訶薩此名般若 波
羅蜜多世尊我於此二若義若名既不得不
見云何令我以般若波羅蜜多相應之法教
誡教授諸菩薩摩訶薩是故若以此法教誡
教授諸菩薩摩訶薩必當有悔世尊若菩薩
摩訶薩聞以如是相狀說般若波羅蜜多時
心不沉沒亦不憂悔其心不驚不恐不怖當

心不沉沒亦不憂悔其心不驚不恐不怖當
知是菩薩摩訶薩決定已得住不退地以無
所住方便而住尒時具壽善現復白佛言世
尊脩行般若波羅蜜多諸菩薩摩訶薩
不應住色不應住受想行識何以故世尊色色性
空受想行識受想行識性空世尊是色非色
空是色空非色色不離空空不離色色即是
空空即是色受想行識亦復如是是故世尊
脩行般若波羅蜜多諸菩薩摩訶薩不應住
色不應住受想行識世尊脩行般若波羅蜜
多諸菩薩摩訶薩不應住眼處不應住耳鼻
舌身意處何以故世尊眼處眼處性空乃至
意處意處性空世尊是眼處非眼處空是眼
處空非眼處眼處不離空空不離眼處眼
處即是空空即是眼處耳鼻舌意處亦復如

是是故世尊脩行般若波羅蜜多諸菩薩摩
訶薩不應住眼處乃至不應住意處世尊脩
行般若波羅蜜多諸菩薩摩訶薩不應住
色處不應住聲香味觸法處何以故世尊色
處色處性空乃至法處法處性空世尊是色
處非色處空是色處空非色處色處不離空
非色處即是空空即是色處聲香味
脩行般若波羅

BD00611-1 懺悔滅罪金光明經冥報傳

BD00611-2 金光明經卷一

（北凉）曇無讖 譯

784.6cm × 25.7cm

懺悔滅罪金光明經冥報傳
昔溫州治中張居道滄州景城縣人未在職
日因嫁女事屠宰諸命牛羊猪雞鵝鴨之類
未踰一旬卒得重病絶音不語因尓便死唯心
上暖家人即不葬送遂經三日却活起坐索食
諸親隣里遠近聞之大小奔赴居道具説因由
初見四人來一人把棒一人把索一人把袋一人
著青衣騎馬戴帽至門下馬喚居道向前
懷中擎出一紙文書令居道讀看並是猪
羊等同共作詞訟共訴居道其詞曰猪羊等
雖前身積罪合受畜生之身配在世間自有
年限限滿罪畢自合成人然猪等自計受
畜生身變時未到遂被張居道枉相屠宰

時阿欠少更賤畜生一箇罪身前遭刀机在
於冥路理不可當截後有料差司命追過使
人見居道番遍即唱三人近前一人把索繫居
道項反縛兩手將去有一人向北行至半路使
人即語居道吾被差來時撿你筭壽年元
未合死緣坐你煞尔許衆生被怨家言訟居道
即見俗世冥眼但知造罪不識善惡但見俗
人煞害无數不曾有驗現報居道當其凶首
緘口受死作何方便而得活路自各往悮悔難
可及使人曰怨家債主卅餘頭專在閻羅王
門首懸精待至我輩入道當由其側非但王
法嚴峻但見怨家怨家何由免其蹭蹬之苦
居道聞之弥增驚怕步步倒地前人牽繩挽
之後人以棒打之居道曰自計往悮誠難免脫

BD00611－1　懺悔滅罪金光明經冥報傳

之後人以棒打之居道日自計往惧誠難免脱
若為乞求余一計校且使逆遮怨家之面閻羅
王峻法當如之何使人語居道汝但能為所煞
衆生發心願造寫金光明經四卷當得免脱居
道承教連聲再唱願寫金光明經四卷盡形
供養願所煞怨家債主領受功德解怨釋
結于時使者引入向北見閻羅王廳前无數億人
問辯荅款着枷被鏁杻械鞭撻狼藉哀聲苦
痛悲酸不可聽使者即過狀閻羅王案上即
唱名出王言此人甚是罪過何為捉来遅晚令
此猪羊再訴急喚詞主將来使人走出諸處
叫喚求覔覔所訴命者不得却来報王諸處尋
覔猪羊等不得王又更遣人散頭巡問曹府咸
悉並无王即又告五道大神檢化形文案于時

本一卷官將撿報狀來依撿其日得司善
簶報世人張居道為煞生故願寫金光明經四
卷依科所遣煞生並令乘此功德隨業化形簶
至准法處分者其張居道怨家訴者以其日
准司善簶並判化從人道生於世界訖王既狀
極懷歡喜曰居道雖煞衆生能設方計為其
發願修功德令此債主得生人路既无執對偏
詞不可懸信判放居道再歸生路當宜念善多
修功德断宍止煞勿復慳貪惜財不作橋梁專
為惡業於是出城如從夢歸居道當說此如因由
發心造經一百餘人断宍止煞不可計數此經天下
少本詢訪不獲躬歷諸方遂於衛州禪寂寺
檢得目錄有此經本寫得隨身供養居 道
及至當官之日合家大小悉断酒宍其温州

BD00611－1　懺悔滅罪金光明經冥報傳

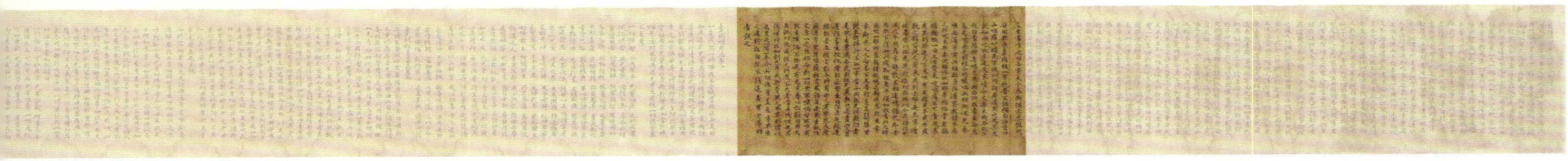

及至當官之日合家大小悉斷酒宍其溫州
安固縣丞妻病經一年絕音不語獨自狂言口
中唱痛叩頭死罪狀似所訴居道聞之爲其夫
說如此之狀多是怨家債命文案未斷命故不
絕自當思忖省悟已來因由所煞害生命急
急爲寫金光明經分明懺唱此經側近无本
唯居道家有此經縣丞依遵其教請本雇
人抄寫未畢妻便醒悟狀如眠夢惛惛常有鷄
猪鵝鴨一日三迴覺來咬嚙痛不可當從來
應其到時遂乃不見唯有或猪或羊或牛或
鷄之類皆從人身來與別去雖是怨家遣
你屠害以你爲我敬造功德所以令我得化形
成人今與怨家解散不相逮情語訖即去
因尔不復如此病即輕差平復如故當此之時

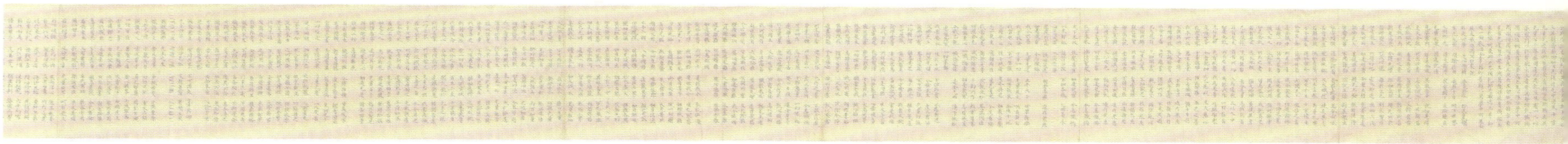

溫州一郡所養雞猪鵝鴨之類咸悉放生家
家斷宍人人念善不立屠行爰及比州隣里
聞並起淨行不止一家當今所煞无所徵効者
是衆生業滿合死故故无應報只是盡此人身
還作畜生被他屠煞若衆生日限未足被遭
損煞者並被言訟令時有世人有卒死及瘦
病連年累月唱痛狂言或語並是衆生執注
文案一定然始命斷一切衆罪懺悔皆滅唯有
煞生懺悔不除為有怨家専心訟對自非為
具脩功德或被人所遣不已者當生慚愧為其
傷嘆所煞如割己身或衛賣與人取其財價以
為豊足一寫一本令此功德資益怨家早生
人道㮈訟自休不復遠善男女等明
當試之

BD00611-1　懺悔滅罪金光明經冥報傳

當誦之

金光明經序品第一

如是我聞一時佛在王舍城耆闍崛山是時
如來遊於无量甚深法性諸佛行處過諸
菩薩所行清淨是金光明諸經之王若有聞
者則能思惟无上微妙甚深之義如是經典
常為四方佛世尊之所護持東方阿閦南方
寶相西方无量壽北方微妙聲我今當說懺
悔等法所生功德為无有上能壞一切諸苦盡
不善業

一切種智　而為根本　无量功德　之所莊嚴
滅除諸苦　與无量樂　諸根不具　壽命損
貧窮困苦　諸天捨離　親厚鬪訟　王法所加

各各忿諍　財物損耗　愁憂恐怖　惡星災異
衆邪蠱道　變怪相續　卧見惡夢　晝夜愁惱
當淨洗浴　聽是經典　至心清淨　着淨潔衣
專聽諸佛　甚深行處　是經威德　能悉除滅
如是諸惡　令其寂滅　護世四王　將諸官屬
并及无量　夜叉之衆　悉来擁護　持是經者
大辯天神　尼連河神　鬼子母神　地神堅牢
大梵尊天　三十三天　大神龍王　緊那羅王
迦樓羅王　阿脩羅王　與其眷屬　悉共至彼
擁護是人　晝夜不離　我今所說　諸佛世尊
甚深秘密　微妙行處　億百千劫　甚難得值
若得聞經　若為他說　若心隨喜　若設供養
如是之人　於无量劫　常為諸天　八部所敬
如是脩行　生功德者　得不思議　无量福聚
亦為十方　諸佛世尊　深行菩薩　之所護持

BD00611-1　懺悔滅罪金光明經冥報傳　BD00611-2　金光明經卷一

如是脩行　生功德者　得不思議　无量福聚
亦為十方　諸佛世尊　深行菩薩　之所護持
著淨衣服　以上妙香　慈心供養　常不遠離
身意清淨　无有垢穢　歡喜悅豫　深樂是典
若得聽聞　當知善德　人身人道　及以正命
若聞懺悔　執持在心　是上善根　諸佛所讚
金光明經壽量品第二
尒時王舍城中有菩薩摩訶薩名曰信相
已曾供養過去无量億那由他百千諸佛種諸
善根是信相菩薩作是思惟何因緣釋迦
如來壽命短促方八十年復更念言如佛所
說有二因緣壽命得長何等為二一者不煞
二者不盜而我世尊於无量百千億那由他
阿僧祇劫修不煞戒具足十善飲食惠施不

可限量乃至己身骨髓皮血充足飽滿飢餓
衆生况餘飲食大士如是至心念佛思是義
時其室自然廣博嚴事天紺琉璃種種衆寶
雜廁間錯以成其地猶如如來所居淨土有妙
香氣過諸天香烟雲垂布遍滿其室其室
四面各有四寶上妙高座自然而出紩以天衣
而為敷具是妙坐上各有諸佛所受用華衆
寶合成於蓮華上有四如來東方名阿閦南方
名寶相西方名无量壽北方名微妙聲是四如
來自然而坐師子座上放大光明照王舍城及
此三千大千世界乃至十方恒河沙等諸佛
世界雨衆天華作天伎樂尒時三千大千世
界所有衆生以佛神力受天快樂諸根不具
即得具足舉要言之一切世間所有利益未
事悉得具足出現

事悉得具足出現
尒時信相菩薩見是諸佛及希有事歡喜
踊躍恭敬合掌向諸世尊至心念佛作是思
惟釋迦如來无量功德唯壽命中心生疑惑
云何如來壽命如是方八十年尒時四佛以正
遍知告信相菩薩善男子汝今不應思量如
來壽命短促何以故善男子我等不見諸天
世人魔衆梵衆沙門婆羅門人及非人有能
思筭如來壽量如是齊限唯除如來時四如
來将欲宣暢釋迦文佛所得壽命欲色界天
諸龍鬼神乹闥婆阿脩羅迦樓羅緊那羅
摩睺羅伽及无量百千億那由他菩薩摩訶
薩以佛神力悉來聚集信相菩薩摩訶薩
室尒時四佛於大衆中略以偈喻說釋迦如來

所得壽量而作頌曰
一切諸水　可知幾渧　无有能數　釋尊壽命
諸須弥山　可知斤兩　无有能壽　一切大地
可知塵數　无有能筭　釋尊壽命　虛空分界
尚可盡邊　无有能計　釋尊壽命　不可計劫
億百千万　佛壽如是　无量无邊　以是因喻
故說二乘　不害物命　施食无量　是故大士
壽不可計　无量无邊　亦无限齊　是故汝今
不應於佛　无量壽命　而生疑惑
尒時信相菩薩摩訶薩聞是四佛宣說如
來壽命无量深心信解歡喜踊躍說是如來
壽命品時无量无邊阿僧祇衆生發阿耨多
羅三藐三菩提心時四如來忽然不現

金光明經懺悔品第四　二

金光明經懺悔品第四　二

尒時信相菩薩即於其夜夢見金鼓其狀姝
大其明普照喻如日光復於光中得見十方
无量无邊諸佛世尊衆寶樹下坐琉璃座與
无量百千眷屬圍遶而為說法見有一人似
婆羅門以桴擊鼓出大音聲其聲演說懺悔
偈頌信相菩薩從夢寤已至心憶念夢中所
聞懺悔偈頌過夜至旦出王舍城尒時亦有
无量无邊百千衆生與菩薩俱往耆闍崛山
至於佛所至佛所已頂礼佛足右遶三帀却
坐一面敬心合掌瞻仰尊顏以其夢中所見金
鼓及懺悔偈向如來說

昨夜所夢　至心憶持　夢見金鼓　妙色晃耀
其光大盛　明踰於日　遍照十方　恒沙世界

又因此光　得見諸佛　衆寶樹下　坐琉璃座
无量大衆　圍遶説法
見婆羅門　擊是金鼓　其鼓音中　説如是偈
是大金鼓　所出妙音　悉能滅除　三世諸苦
地獄餓鬼　畜生等苦　貧窮困厄　及諸有苦
是鼓所出　微妙之音　能除衆生　諸惱所逼
斷衆怖畏　令得无懼　猶如諸佛　得无所畏
諸佛聖人　所成功德　離於生死　到大智岸
如是衆生　所得功德　定及助道　猶如大海
是鼓所出　如是妙音　令衆生得　梵音深遠
證佛无上　菩提勝果　轉无上輪　微妙清淨
住壽无量　不思議劫　演説正法　利益衆生
能害煩惱　消除諸苦　貪瞋癡等　悉令寂滅
若有衆生　處在地獄　大火熾然　燒炙其身

BD00611-2　金光明經卷一

能除熾惱 消除諸苦 餓鬼病苦 消令滅除
若有衆生 處在地獄 大火熾然 燒炙其身
若聞金鼓 微妙音聲 所出言教 即尋礼佛
亦令衆生 得知宿命 百生千生 千万億生
令心正念 諸佛世尊 亦聞无上 微妙之言
是金鼓中 所出妙音 復令衆生 值遇諸佛
遠離一切 諸惡業等 善脩无量 白淨之業
諸天世人 及餘衆生 隨其所思 諸所願求
如是金鼓 所出之音 皆悉能令 成就具足
若有衆生 隨大地獄 猛火焰熾 焚燒其身
无有救護 流轉諸難 當令是等 悉滅諸苦
若有衆生 諸苦所切 三惡道報 及以人中
如是金鼓 所出之音 悉能滅除 一切諸苦
无依无歸 无有救護 我爲是等 作歸依處
是諸世尊 今當證知 [illegible]爲我 生大悲心

在在處處　十方諸佛　現在世雄　兩足之尊
我本所作　惡不善業　今者懺悔　諸十力前
不識諸佛　及父母恩　不解善法　造作衆惡
自恃種姓　及諸財寶　盛年放逸　作諸惡行
心念不善　口作惡業　隨心所作　不見其過
凡夫愚行　无知闇覆　親近惡友　煩惱亂心
五欲因緣　心生忿恚　不知猒足　故作衆惡
親近非聖　因生慳嫉　貧窮因緣　奸諂作惡
繫屬於他　常有怖畏　不得自在　而造諸惡
貪欲恚癡　擾動其心　渴愛所逼　造作衆惡
依因依食　及以女色　諸結惱熱　造作衆惡
身口意惡　所集三業　如是衆罪　今悉懺悔
或不恭敬　佛法聖衆　如是衆罪　今悉懺悔
或不恭敬　緣覺菩薩　如是衆罪　今悉懺悔

BD00611-2　金光明經卷一

或不恭敬　緣覺菩薩　如是衆罪　今悉懺悔
以无智故　誹謗正法　不知恭敬　父母尊長
如是衆罪　今悉懺悔
愚惑所覆　憍慢放逸　因貪恚癡　造作衆惡
如是衆罪　今悉懺悔
我今供養　无量无邊　三千大千　世界諸佛
我當拔濟　十方一切　无量衆生　所有諸苦
我當安立　不可思議　阿僧祇衆　令住十地
已得安立　住十地者　悉令具足　如來正覺
爲一衆生　億劫脩行　使无量衆　令度苦海
我當爲是　諸衆生等　演說微妙　甚深悔法
所謂金光　滅除諸惡　千劫所作　極重惡業
若能至心　一懺悔者　如是衆罪　悉皆滅盡
今我已說　懺悔之法　是金光明　清淨微妙

速能除滅　一切業障
我當安止　住於十地　十種珍寶　以為脚足
成佛无上　功德光明　令諸衆生　度三有海
諸佛所有　甚深法藏　不可思議　无量功德
一切種智　願悉具足　百千禪定　根力覺道
不可思議　諸陀羅尼　十力世尊　我當成就
諸佛世尊　有大慈悲　當證微誠　哀受我悔
若我百劫　所作衆惡　以是因緣　生大憂苦
貧窮困乏　愁熱驚懼　怖畏惡業　心常怯劣
在在處處　暫无歡樂　十方現在　大悲世尊
能除衆生　一切怖畏　願當受我　誠心懺悔
令我恐懼　悉得消除　我之所有　煩惱業垢
唯願現在　諸佛世尊　以大悲水　洗除令淨
過去諸惡　令悉悔過　現所作業　誠心發露

過去諸惡　今悉悔過　現所作業　誠心發露
所未作者　更不敢作　已作之業　不敢覆藏
身業三種　口業有四　意三業行　今悉懺悔
身口所作　及以意思　十種惡業　一切懺悔
遠離十惡　脩行十善　安止十住　逮十力尊
所造惡業　應受惡報　今於作前　誠心懺悔
若此國土　及餘世界　所有善法　悉以迴向
我所脩行　身口意善　願於來世　證无上道
若在諸有　六趣險難　愚癡无智　造作衆惡
今於佛前　皆悉懺悔　世間所有　生死險難
種種婬欲　愚煩惱難　如是諸難　我今懺悔
心輕躁難　近惡友難　三有險難　及三毒難
遇无難難　值好時難　脩功德難　值佛亦難
如是諸難　今悉懺悔

諸佛世尊　我所依止　是故我今　歸礼佛海
金光晃耀　猶如須彌　是故我今　頂礼最勝
其色无上　猶如真金　眼目清淨　如紺琉璃
功德威神　名稱顯著　佛日大悲　滅一切闇
善淨无垢　離諸塵翳　无上佛日　大光普照
煩惱火熾　令心焦熱　唯佛能除　如月清涼
三十二相　八十種好　莊嚴其身　視之无猒
功德巍巍　明網顯曜　安住三界　如日照世
猶如琉璃　淨无瑕穢　妙色廣大　種種各異
其色紅赤　如日初出　頗黎白銀　挍飾光網
如是種種　莊嚴佛日　三有之中　生死大河
老水波蕩　惱亂我心　其味苦毒　最為鹹澀
如來網明　能令枯涸　妙身端嚴　相好殊特
金色光明　遍照一切　智慧大海　彌滿三界
[illegible]衆人　皆有[illegible]　如大海水　其量難□

金色光明 遍照一切 智慧大海 弥滿三界
是故我今 稽首敬礼 如大海水 其量難知
大地微塵 不可稱計 諸須弥山 難可度量
虛空邊際 亦不可得 諸佛亦尒 功德无量
一切有心 无能知者 於无量劫 極心思惟
不能得知 佛功德邊 大地諸山 尚可知量
毛渧海水 亦可知數 諸佛功德 无能知者
相好莊嚴 名稱讚歎 如是功德 令衆皆得
我以善業 諸因緣故 来世不久 成於佛道
講宣妙法 利益衆生 度脫一切 无量諸苦
摧伏諸魔 及其眷屬 轉於无上 清淨法輪
住壽无量 不思議劫 充足衆生 甘露法味
我當具足 六波羅蜜 猶如過佛 之所成就
斷諸煩惱 除一切苦 悉滅貪欲 及恚癡等

我當憶念　宿命之事　百生千生　千万億生
常當至心　正念諸佛　聞說微妙　无上之法
我因善業　常值諸佛　遠離諸惡　脩諸善業
一切世界　所有眾生　无量苦惱　我當悉滅
若有眾生　諸根毀壞　不具足者　令令具足
十方世界　所有疾苦　羸瘦頓乏　无救護者
悉令解脫　如是諸苦　還得勢力　平復如本
若犯王法　臨當刑戮　无量怖畏　愁憂苦惱
如是之人　悉令解脫　若受鞭撻　繫縛枷鎖
種種苦事　逼切其身　无量百千　愁憂驚畏
種種恐懼　擾亂其心　如是无邊　諸苦惱等
願使一切　悉得解脫
若有眾生　飢渴所惱　令得種種　甘美飲食
盲者得視　聾者得聽　瘂者能言　裸者得衣
貧窮之者　即得寶藏　倉庫盈溢　无所乏少

貧窮之者、即得寶藏　倉庫盈溢　无所乏少
一切皆受　安隱快樂　乃至无有　一人受苦
衆生相視　和顏悅色　形貌端嚴　人所喜見
心常思念　他人善事　飲食飽滿　功德具足
隨諸衆生　之所思念　皆願令得　種種伎樂
箜篌箏笛　琴瑟鼓吹　如是種種　微妙音聲
江河池沼　流泉諸水　金華遍布　及優鉢羅
隨諸衆生　之所思念　即得種種　衣服飲食
錢財珎寶　金銀琉璃　真珠璧玉　雜廁瓔珞
願諸衆生　不聞惡聲　乃至无有　可惡見者
願諸衆生　色貌微妙　各各相於　共相愛念
世間所有　資生之具　隨其所念　悉令具足
願諸衆生　諸所求索　如其所須　應念即得
香華諸樹　常於三時　雨細末香　及塗身香

身生受者　獲甚快樂

願諸衆生　常得供養　不可思議　十方諸佛

无上妙法　清淨无垢　及諸菩薩　聲聞大衆

願諸衆生　常得遠離　三惡八難　值无難處

覲覩諸佛　无上之王

願諸衆生　常生尊貴　多饒財寶　安隱豐樂

上妙色像　莊嚴其身　功德成就　有大名稱

願諸女人　皆成男子　具足智慧　精勤不懈

一切皆行　菩薩之道　勤心脩集　六波羅蜜

常見十方　无量諸佛　坐寶樹下　琉璃座上

安住禪定　自在快樂　演說正法　衆所樂聞

若我現在　及過去世　所作惡業　諸有險難

應得惡果　不適意者　願悉盡滅　令无有餘

若諸衆生　三有繫縛　生死羅網　堅牢固

願以智刀　割斷破裂　除諸苦惱　早成菩提

若諸衆生 三有繫縛 生死羅網 [illegible]牢固
願以智刀 割斷破裂 除諸苦惱 早成菩提
若此閻浮 及餘他方 无量世界 所有衆生
所作種種 若巧功德 我念深心 隨其歡喜
我念以此 隨喜功德 及身口意 所作善業
願於來世 成无上道 得淨无垢 吉祥果報
若有敬礼 讚歎十方 信心清淨 无諸疑冈
能作如是 所說懺悔 便得超越 六十劫罪
諸善男子 及善女人 諸王刹利 婆羅門等
若有恭敬 合掌向佛 稱讚如来 并讚此偈
在在處處 常識宿命 諸根具足 清淨瑠璃
種種功德 悉皆成就 在在處處 常為國王
輔相大臣 之所供養 非於一佛 五佛十佛
種種功德 聞是懺悔 若於无量 百千万億
諸佛如来 種諸善根 然後乃得 聞是懺悔

金光明經讚歎品第四

尒時佛告地神堅牢善女人過去有王名金
龍尊常以讚嘆去來現在諸佛
我今尊重　敬礼讚歎　去來現在　十方諸佛
諸佛清淨　微妙寂滅　色中上色　金光照曜
於諸聲中　佛聲冣上　猶如大梵　深遠雷音
其髮紺黑　光螺美起　蜂翠孔雀　色不得喻
其齒鮮白　猶如珂雪　顯發金顏　尒齊尒明
舌相廣長　形色紅暉　光明照曜　如華初生
眉間豪相　白如軻月　右旋潤澤　如淨琉璃
鼻高圓直　如鑄金鋌　微妙細濡　過於蜂王
如是勝相　次第冣上　得味真正　无與等者
一一毛孔　一毛旋生　濡細紺青　猶孔雀項
即於生時　身放大光　普照十方　无量國土
滅盡三界　一切諸苦　令諸衆生　悉受快樂

滅盡三界　一切諸苦　令諸衆生　悉受快樂
地獄畜生　及以餓鬼　諸天人等　安隱无患
悉滅一切　无量惡趣　身色微妙　如融金聚
面貌清淨　如月盛滿　佛身明曜　如日初出
進止威儀　猶如師子　脩髀下垂　立過于膝
猶如風動　娑羅樹枝　圓光一尋　能照无量
猶如聚集　百千日月　佛身淨妙　无諸垢穢
其明普照　一切佛剎　佛光巍巍　明炎大盛
能悉隱蔽　无量日月　佛日燈炬　照无量界
皆令衆生　尋光見佛　本所脩集　百千行業
聚集功德　莊嚴佛身　髀傭纖圓　如象王鼻
手足淨潔　敬受无厭　去來諸佛　數如微塵
現在諸佛　亦復如是　如是如來　我今悉礼
身口清淨　意亦如是　以好華香　供養奉獻

百千功德　諸訶哥歎　設以百舌　於千劫中
歎佛功德　不能得盡　如來所有　現世功德
種種深固　微妙第一　設復歎美　欲讚一佛
尚不能盡　功德少分　況欲歎美　諸佛功德
大地及天　以為大海　乃至有頂　滿月中水
尚以一毛　知其渧數　无有能知　佛一切德
我今以礼　讚歎諸佛　身口意業　悉皆清淨
一切所有　无量善業　與諸衆生　證无上道
如是人王　讚歎佛已　復作如是　无量誓願
若我來世　无量无邊　阿僧祇劫　在在生處
常於夢中　見妙金鼓　得聞懺悔　深奧之聲
今所讚歎　面貌清淨　願我來世　亦得如是
諸佛功德　不可思議　於百千劫　甚難得值
願於來世　无量之世　夜則夢見　晝則實說
我當具足　脩行六度　濟度衆生　越於苦海

我當具足　脩行六度　濟拔衆生　越於苦海
然後我身　成无上道　令我世界　无與等者
奉責金鼓　讚佛因緣　以此果報　當來之世
值釋迦佛　得授記莂　并令二子　金龍金藏
常生我家　同共受記　若有衆生　无救護者
衆苦逼切　无所依止　我於來世　為是等輩
作大救護　及依止處　能除衆苦　悉令滅盡
施與衆生　諸善安樂　我未來世　行菩提道
不計劫數　如盡本際　以此金光　懺悔因緣
使我惡海　及以業海　煩惱大海　悉竭无餘
我功德海　願悉成就　智慧大海　清淨具足
无量功德　助菩提道　猶如大海　珎寶具足
以此金光　懺悔力故　菩提功德　光明无㝵
慧光无垢　照徹清淨　我當來世　身光普照

功德成就　光明炎盛　於三界中　常勝殊特
諸功德力　无所減少　當度衆生　越於苦海
并復安置　功德大海　未來世劫　行菩提道
如昔諸佛　行菩提者　三世諸佛　淨妙國土
諸佛世尊　无量功德　令我來世　得此殊勝
功德淨土　如佛世尊　信相當知　尒時國王
金龍尊者　則汝身是　尒時二子　金龍金光
今汝二子　銀相壽是

金光明經空品第五

无量餘經　已廣說空　是故此中　略而解脫
衆生根鈍　尠於智慧　不能廣知　无量空義
今此尊經　略而說之　異妙方便　種種因緣
為鈍根故　起大悲心　我今演說　此妙經典
如我所解　知衆生意　是身虛偽　猶如空聚
六入村落　結賊所止　一切自在　各不相知

六入村落 結賊所止 一切自任 各不相知
眼根受色 耳分別聲 鼻嗅諸香 舌嗜於味
所有身根 貪愛於卑 意根分別 一切諸法
六情諸根 各各自緣 諸塵境界 不行他緣
心如幻化 馳騁六情 而常妄相 分別諸法
猶如世人 馳走空聚 六賊所害 愚不知避
心常依止 六根境界 各各自知 所伺之處
隨行色聲 香味觸法 心處六情 如鳥投網
其心在在 常處諸根 隨逐諸塵 无有斃捨
身空虛僞 不可長養 无有諍訟 亦无正主
從諸因緣 和合而有 无有堅實 妄相故起
業力機關 假爲空聚 地水火風 合集成立
隨時增長 共相殘害 猶如四虵 同處一篋
四大蚖虵 其性各異 二上二下 諸方亦二

如是虵大　悲滅无餘　地水二虵　其性沈下
風火二虵　性輕上昇　心識二性　躁動不停
隨業受報　天人諸趣　隨所作業　而墮三有
水火風動　散滅壞時　大小不淨　盈流於外
體生諸虫　无可愛樂　損弃塚間　如朽敗木
善女當觀　諸法如是　何處有人　及以衆生
本性不生　性无和合　以是因緣　我說諸大
從本不實　和合而有　无明體性　本亦不有
妄相因緣　和合而生　无所有故　假名无明
是故我說　名曰无明　行識名色　六入觸受
愛取有生　老死愁惱　衆苦行業　不可思議
生死无際　輪轉不息　本无有生　亦无和合
不善思惟　心行所造　我斷一切　諸見縛等
以智慧力　烈煩惱網　五陰舍宅　觀心空寂
證无上道　微妙功德　開甘露門　示甘露器

以智慧力　烈煩惱網　五陰舍宅　觀心空寂
證无上道　微妙功德　開甘露門　示甘露器
入甘露城　處甘露室　令諸衆生　食甘露味
吹大法蠡　擊大法鼓　燃大法燈　雨勝法雨
我今摧伏　一切怨結　竪立第一　微妙第一
度諸衆生　於生死海　永斷三惡　无量苦惱
煩惱熾然　燒諸衆生　无有救護　无所依止
我於甘露　清涼美味　充足是輩　令離燋熱
於无量劫　遵脩諸行　供養恭敬　諸佛世尊
堅牢脩集　菩提之道　求於如來　真實法身
捨諸所重　支節手足　頭目髓惱　所愛妻子
錢財珍寶　真珠瓔珞　金銀琉璃　種種異物

金光明經卷第一

BD00611-2　金光明經卷一

BD00612 金光明最勝王經卷九

（唐）義净 譯

708.9cm × 26.5cm

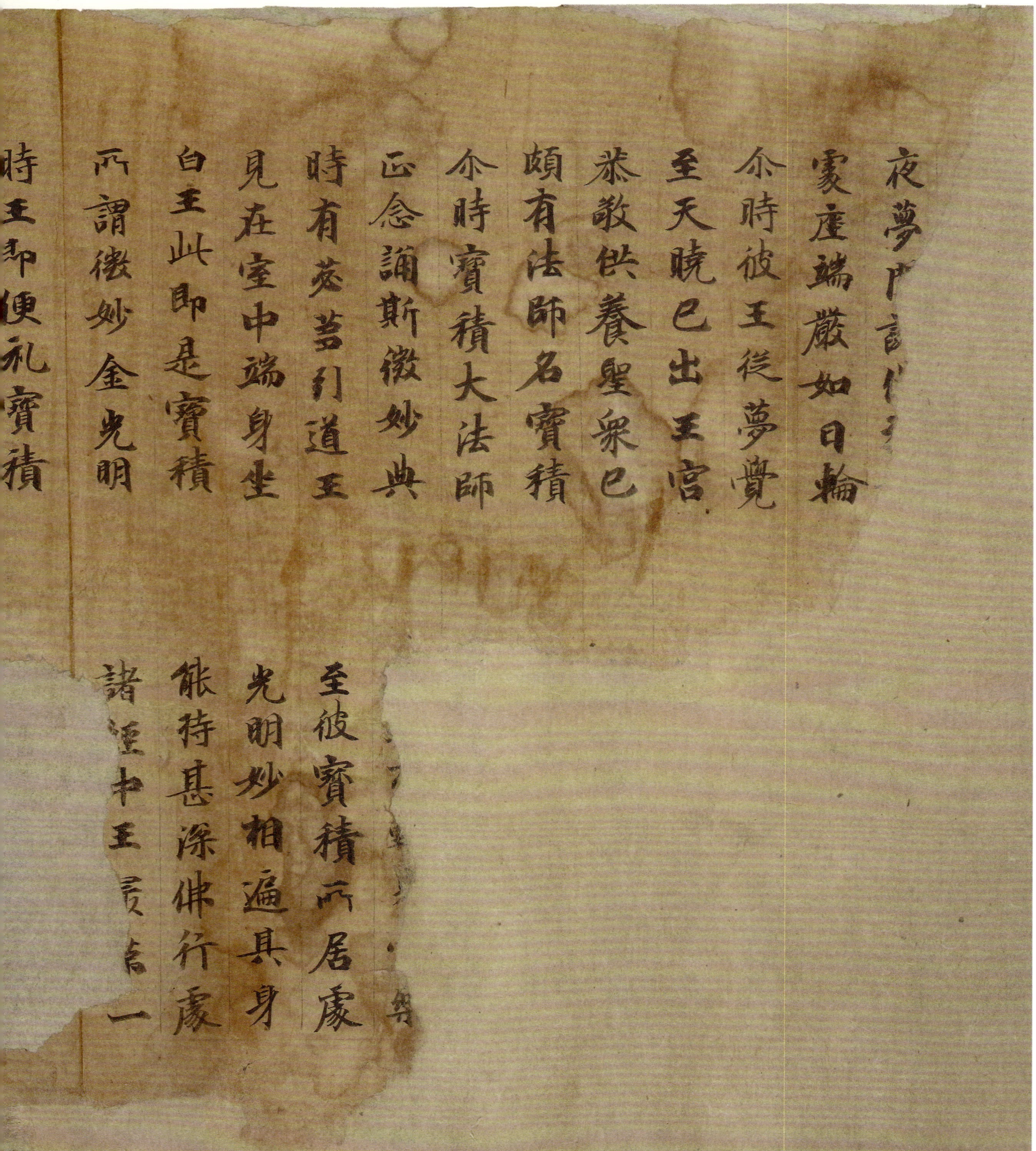
夜夢
處座端嚴如日輪
尒時彼王從夢覺
至天曉已出王宮
恭敬供養聖衆已
頗有法師名寶積
尒時寶積大法師
正念誦斯微妙典
時有苾芻引道王　至彼寶積所居處
見在室中端身坐　光明妙相遍其身
白王此即是寶積　能持甚深佛行處
所謂微妙金光明　諸經中王最第一
時王即便礼寶積

時則滿月面端嚴
寶積法師受王請 許爲說此金光明
周遍三千世界中 諸天大衆咸歡喜
王於廣博清淨處 奇妙珍寶而嚴飾
上妙香水灑遊塵 種種雜花皆散布
即於勝處敷高座 懸[illegible]
種種秣香及塗香 [illegible]
天龍脩羅緊那羅 莫[illegible]
諸天悉雨曼陁花 咸來供養彼高座
復有千万億諸天 樂聞正法俱來集
法師初從本座起 咸悉供養以天花
是時寶積大法師 淨[illegible]
詣彼大衆法座所 合[illegible]
天主天衆及天女 悉[illegible]
百千天樂難思議 住在空中出妙響
[illegible]時寶積大法師 即昇高座加趺坐

BD00612　金光明最勝王經卷九

百千天樂難思議　任在空中出妙響
尒時寶積大法師　即昇高座跏趺坐
念彼十方諸剎土　百千万億大慈尊
遍及一切苦衆生　皆起平等慈悲念
爲彼請主善生故　演□
王即得聞如是法　合□
聞法希有淚交流　身□□□皆充遍
于時國主善生王　爲欲供養此經故
手持如意末尼寶　發願咸爲諸衆生
金可於斯贍部洲　普雨七寶瓔珞具
所有匱乏資財者　皆得□□受□樂
即便遍雨於七寶　悉□
瓔珞嚴身隨所須　衣服飲食皆無乏
尒時國主善生王　見此四洲雨珎寶
咸持供養寶髻佛　所有遺教苾芻僧

應知過去善生王　即我釋迦[illegible]

爲於昔時捨大地　及諸珎[illegible]

昔時寶積大法師　爲[illegible]

因彼開演經王故　東方[illegible]

以我曾聽此經王　合掌一言稱隨喜

及施七寶諸功德　獲此最勝金剛身

金光百福相莊嚴　所有見者皆歡喜

一切有情無不愛　俱胝天衆亦同然

過去曾經九十九　俱胝[illegible]

亦於小國爲人王　復經[illegible]

於無量劫爲帝釋　亦復曾爲大梵王

供養十力大慈尊　彼之數量難窮盡

我昔聞經隨喜善　所有福聚量難知

由斯福故證菩提　獲得法身真妙智

尒時大衆聞是說已歎未曾有[illegible]

[illegible]

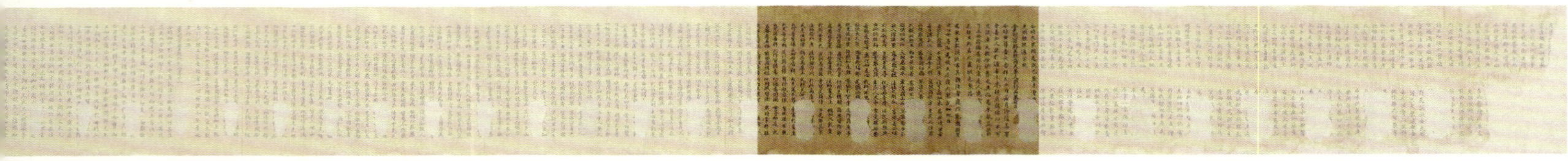

尒時大衆聞是說已歎未曾有[illegible]之
光明經流通不絕

金光明最勝王經諸天藥叉護持品第廿二

尒時世尊告大吉祥天女曰若有淨信善男
子善女人欲於過去未來現在諸佛以不可
思議廣大微妙供養之具而為奉獻及欲解
了三世諸佛甚深行處是人應當[illegible]
是經王所在之處城邑聚落[illegible]
為衆生數演流布其聽法者應除亂想攝耳
用心世尊即為彼天及諸大衆說伽他曰
若欲於諸佛　不思議供養　復了諸如來　甚深境界者
若見演說此　最勝金光明　應親詣彼方　至其所住處
此經難思議　能生諸功德　無邊大苦[illegible]
我觀此經王　初中後皆善　甚深不可[illegible]
假使恒河沙　大地塵海水　虛空諸山石　無能喻少分

欲入深法界　應先聽是經　法性之制底　甚深善安住
於斯制底內　見我牟尼尊　悅意妙音聲　演說斯經典
由此俱胝劫　數量難思議　生在人天中　常受勝妙樂
若聽是經者　應作如是心　我得不思[illegible]　[illegible]
假使大火聚　滿百踰繕那　為聽此經[illegible]
既至彼住處　得聞如是經　能滅於罪業　及除諸惡夢
惡星諸變怪　蠱道邪魅等　得聞是經時　諸惡皆捨離
應嚴勝高座　淨妙若蓮花　法師處其上　猶如大龍坐
於斯安坐已　說此甚深經　書寫及誦持　并為解其義
法師捨此座　往詣餘方所　於此高座上　[illegible]作一[illegible]
或見法師像　猶在高座上　或時見世[illegible]
或作普賢像　或如妙吉祥　或見慈氏尊　身處於高座
或見希奇相　及以諸天像　暫得覩容儀　忽然還不現
成就諸吉祥　所作皆隨意　功德悉圓滿　世尊如是說
最勝有名稱　能滅諸煩惱　他國賊皆除　戰時常得勝
惡夢悉皆無　及消諸毒害　所作三業罪　[illegible]能除滅

最勝有名稱　能滅諸煩惱　他國賊皆除　戰時常得勝
惡夢悉皆無　及消諸毒害　所作三業罪　□□咸□□
於此贍部洲　名稱咸充滿　所有諸怨□　□□□□□
設有怨敵至　聞名便退散　不假動兵戈　兩陣生歡喜
梵王帝釋主　護世四天王　及金剛藥叉　正了知大將
無熱池龍王　及以娑揭羅　緊那羅樂神　蘇羅金翅主
大辯才天女　并大吉祥天　斯等上首天　各領諸天衆
常供養諸佛　法寶不思議　恒生歡喜□　□□□□文
斯等諸天衆　皆悉共思惟　遍觀脩福□　□□□□言
應觀此有情　咸是大福德　善根精進力　當来生我天
爲聽甚深經　敬心来至此　供養法制底　尊重正法故
憐愍於衆生　而作大饒益　於此深經典　能爲法寶器
入此法門者　能入於法性　於此金光明　至心應聽受
是人曾供養　無量百千佛　由彼諸善□　□□□□□
如是諸天主　天女大辯才　并彼吉祥□　□□□□衆

無數藥叉衆　勇猛有神通　各於其四方　常來相擁護
日月天帝釋　風水火諸神　吠率怒大肩　闍羅辯才等
一切諸護世　勇猛具威神　擁護持經者　晝夜常不離
大力藥叉王　那羅延自在　正了知爲首　二十八藥叉
餘藥叉百千　神通有大力　恒於恐怖[illegible]
金剛藥叉王　并五百眷屬　諸大菩薩衆　常來護此人
寶王藥叉主　及以滿賢王　曠野金毗羅　賓度羅黃色
此等藥叉王　各五百眷屬　見聽此經者　皆來共擁護
彩軍健闥婆　華王常戰勝　珠頸及青頸　并勃里沙王
大最勝大黑　蘇跋拏雞舍　半之迦羊[illegible]　[illegible]大婆伽
小渠并護法　及以獼猴王　針毛及日[illegible]
大渠諾拘羅　旃檀欲中勝　舍羅及雪山　及以娑多山
皆有大神通　雄猛具大力　見持此經者　皆來相擁護
阿那婆苔多　及以娑揭羅　目真醯羅葉　難陀小難陀
於百千龍中　神通具威德　共護持經人　晝夜常不離
婆稚羅睺羅　[illegible]

於百千龍中　神通具威德　共護持經人　晝夜常不離
婆稚羅睺羅　毗摩質多羅　母旨苦欲羅　□□及歡喜
及餘蘇羅王　并無數天眾　大力有勇健　皆來護是人
訶利底母神　五百藥叉眾　於彼人睡覺　常來相擁護
旃荼旃荼利　藥叉旃稚女　昆帝拘吒齒　吸眾生精氣
如是諸神眾　大力有神通　常護持經者　晝夜恒不離
上首辯才天　無量諸天女　吉祥天為首　□餘諸眷屬
此大地神女　果實園林神　樹神江河□　□□□□等
如是諸天神　心生大歡喜　彼皆來擁護　讀誦此經人
見有持經者　增壽命色力　威光及福德　妙相以莊嚴
星宿現災變　困厄當此人　夢見惡徵祥　皆悉令除滅
此大地神女　堅固有威勢　由此經力故　法味常充足
地肥若流下　過百踰繕那　地神令味□　□□□□地
此地厚六十　八億踰繕那　乃至金剛□　地味皆令上
由聽此經王　獲大功德蘊　能使諸天眾　悉蒙其利益

復令諸天衆　威力有光明　歡喜常安樂　捨離於衰相
於此南洲內　林果苗稼神　由此經威力　心常得歡喜
苗稼皆成就　處處有妙花　果實並滋繁　[illegible]滿於大地
所有諸果樹　及以衆園林　悉皆生妙[illegible]
衆草諸樹木　咸出微妙花　及生甘美果　隨處皆充遍
於此贍部洲　無量諸龍女　心生大歡喜　皆共入池中
種植鉢頭摩　及以分陁利　青白二蓮花　池中皆遍滿
由此經威力　虛空淨無翳　雲霧皆除遣　冥闇悉光明
日出放千光　無垢燄清淨　由此經王[illegible]天
此經威德力　資助於天子　皆用贍部[illegible]宮殿
日天子初出　見此洲歡喜　常以大光明　周遍皆照耀
於斯大地內　所有蓮花池　日光照及時　無不盡開發
於此贍部洲　田疇諸果藥　悉皆令善熟　充滿於大地
由此經威力　日月所照處　星辰不失度　[illegible]順時
遍此贍部洲　國土咸豐樂　隨有此經處　[illegible]餘方

遍此贍部洲　國土咸豐樂　隨有此經處　□□□行□方
若此金光明　經典流布處　有能講誦者　悉得如上福
尒時大吉祥天女及諸天等聞佛所說皆大歡
喜於此經王及受持者一心擁護令無憂惱
常得安樂

金光明最勝王經授記品第廿三

尒時如來於大衆中廣說法已欲爲妙幢菩薩
及其二子銀幢銀光授阿耨多羅三藐三菩提
記時有十千天子最勝光明而爲上首俱從
三十三天來至佛所頂礼佛足却坐一面聽佛
說法尒時佛告妙幢菩薩言汝□□□□九
量無數百千万億那庾多劫已於金光明
世界當成阿耨多羅三藐三菩提号金寶山
王如來應正遍知明行足善逝世間解无上
士調御丈夫天人師佛世尊出現於世時此

如来般涅槃後所有教法亦皆[illegible]長
子名日銀幢即於此界次補佛處[illegible]界尒[illegible]時轉
名淨幢當得作佛名日金幢光如来應正遍
知明行足善逝世間解无上士調御丈夫天
人師佛世尊時此如来般涅槃後所有教法
亦皆滅盡次子銀光即補佛處[illegible]此界當
得作佛号日金光明如来應正[illegible]之
善逝世間解無上士調御丈夫天人師佛世尊
是時十千天子聞三大士得授記已復聞如
是最勝王經心生歡喜清淨無垢猶如虚空
尒時如来知是十千天子善根[illegible]熟即便
與授大菩提記汝等天子於當[illegible]量
無數百千万億那庾多劫於最勝因陁羅高
幢世界得成阿耨多羅三藐三菩提同一種
姓又同一名号日面目清淨優鉢羅香山十

娃又同一名号日面目清淨優鉢羅香山十
号具足如是次第十千諸佛出[illegible]世尒
時菩提樹神白佛言世尊是十[illegible]十
三天爲聽法故來詣佛所云何如來便與授
記當得成佛世尊我未曾聞是諸天子具足
脩習六波羅蜜多難行苦行捨於手足頭目
髓腦眷屬妻子象馬車乘奴婢[illegible]宮殿
園林金銀琉璃硨磲碼碯珊瑚[illegible]珂
貝飲食衣服臥具醫藥如餘無量百千菩薩
以諸供具供養過去无數百千万億那庾多
佛如是菩薩各經無量無邊劫數然後方得
受菩提記世尊是諸天子以何[illegible]脩何勝
行種何善根從彼天來暫時聞[illegible]授記
唯願世尊爲我解說斷除疑網佛告地神善
女天如汝所說皆從勝妙善根因緣勤苦脩

已爲得授記此諸天子於妙天宮捨五欲樂
故来聽是金光明經既聞法已於是經中心
生慇重如淨琉璃無諸瑕穢復聞如是三大
菩薩授記之事亦由過去久脩正行誓願因
緣是故我今皆與授記於未来世當成阿耨多
羅三藐三菩提時彼樹神聞佛說已歡喜信
受

金光明冣勝王經除病品第廿四

佛告菩提樹神善女天諦聽諦聽善思念之
是十千天子本願因緣今爲汝說善女天過去
无量不可思議阿僧企耶劫尒時有佛出現於
世名曰寶髻如来應正遍知明行足善逝世
間解無上士調御丈夫天人師佛世尊善女
天時彼世尊般涅槃後正法滅已於像法中
有王名曰天自在光常以正法化於人民猶

尒時佛[illegible]
有王名曰天自在光常以正法化於人民猶
如父母是王國中有一長者名曰持水善解
醫明妙通八術衆生病苦四大[illegible]眡救
療善女天尒時持水長者唯有一子名曰流
水顏容端正人所樂觀受性聰敏妙閑諸
論書畫筭印無不通達時王國內有無量百
千諸衆生類皆遇疫病衆苦所逼乃至無有
歡樂之心善女天尒時長者子[illegible]延无
量百千衆生受諸病苦起大悲心作如是念
無量衆生爲諸極苦之所逼迫我父長者雖
善醫方妙通八術能療衆病四大增損然已
衰邁老耄虛羸要假扶策方能[illegible]不復能
往城邑聚落救諸病苦今有無量百千衆生
皆遇重病無能救者我今當至大醫父所諮
問治病醫方祕法若得解已當往城邑聚落之

所救諸衆生種種疾病令於長夜得受安樂
時長者子作是念已即詣父所至[illegible]足合
掌恭敬却住一面即以伽他請其父曰
慈父當哀愍　我欲救衆生　今請諸醫方　幸願爲我說
云何身衰壞　諸大有增損　復在何時中　能生諸疾病
云何噉飲食　得受於安樂　能使内身中[illegible]火不衰損
衆生有四病　風黃熱痰癊　及以總集病　云何而療治
何時風病起　何時熱病發　何時動痰癊　何時總集生
時彼長者聞子請已復以伽他而荅之曰
我今依古仙　所有療病法　次第爲汝說　善聽救衆生
三月是春時　三月名爲夏　三月名秋[illegible]冬時
此據一年中　三三而別說　二二爲一節　便成歲六時
初二是花時　三四名熱際　五六名雨際　七八謂秋時
九十是寒時　後二名氷雪　既知如是別　授藥勿令差
當隨此時中　調息於飲食　入腹令消散　[illegible]病則不生

BD00612　金光明最勝王經卷九

三是寒時　後二名為雪　既知如是別　授藥勿令差
當隨此時中　調息於飲食　入腹令消散　眾病則不生
節氣若變改　四大有推移　此時無藥資　必生於病苦
醫人解四時　復知其六節　明閑身七界　食藥使無差
謂味界血肉　膏骨及髓腦　病入此中時　知其可療不
病有四種別　謂風熱痰癊　及以總集病　應知發動時
春中痰癊動　夏內風病生　秋時黃熱增　冬節三俱起
春食澀熱辛　夏膩熱鹹醋　秋時冷甜膩　冬酸澀膩甜
於此四時中　服藥及飲食　若依如是味　眾病無由生
食後病由癊　食消時由熱　消後起由風　準時須識病
既識病源已　隨病而設藥　假令患狀殊　先須療其本
風病服油膩　患熱利為良　癊病應變吐　總集須三藥
風熱癊俱有　是名為總集　雖知病起時　應觀其本性
如是觀知已　順時而授藥　飲食藥無差　斯名善醫者
復應知八術　總攝諸醫方　於此若明閑　可療眾生病
謂針刺傷破　身疾并鬼神　惡毒及孩童　延年增氣力

先觀彼形色　語言及性行　然後問其夢　知風熱痰殊
乾瘦少頭髮　其心無定住　多語夢飛行　斯人是風性
少年生白髮　多汗及多瞋　聰明夢見火　斯人是熱性
心定身平整　慮審頭津膩　夢見水白物　是痰性應知
總集性俱有　或二或具三　隨有一偏增　應知是其性
既知本性已　准病而受藥　驗其無死相　方名可救人
諸根倒取境　尊醫人起慢　親友生瞋恚　是死相應知
左眼白色變　舌黑鼻梁敧　耳輪與舊殊　下脣垂向下
訶梨勒一種　具足有六味　能除一切病　无忌藥中王
又三果三辛　諸藥中易得　沙糖蜜蘇乳　此能療衆療
自餘諸藥物　隨病可增加　先起慈愍心　莫規於財利
我已為汝說　療疾中要事　以此救衆生　當獲无邊果
善女天，尒時長者子流水親問其父八術之要，四大增損，時節不同，餌藥方法，既善了知，自忖堪能救療衆病，即便遍至城邑聚落所在之處

堪能救療衆病即便遍至城邑聚落所在之處
隨有百千万億病苦衆生皆至其所善言慰
喻作如是語我是醫人是我醫人善知方藥令為
汝等療治衆病悉令除愈善女天尒時衆人聞長者
子善言慰喻許為治病時有无量百千衆生遇
極重病聞是語已身心踊躍得未曾有以此因緣
所有病苦悉得蠲除氣力充實平復如本善女
天尒時復有无量百千衆生病苦深重難療治
者即共往詣長者所重請醫療時長者子即以妙
藥令服皆蒙除差善女天是長者子於此國内
百千万億衆生病苦悉得除差
金光明冣勝王經長者子流水品苐廿五
尒時佛告菩提樹神善女天尒時長者子流
水於往昔時在天自在光王國内療諸衆生
所有病苦令得平復受安隱樂時諸衆生以

病除故多作福業廣行惠施以自歡娛共
往詣長者子所咸生尊敬作如是言善哉善
哉大長者子善能滋長福德之事增益我等
安隱壽命仁今實是大力醫王慈悲菩薩妙
閑醫藥善療衆生無量病苦如是稱歎周遍
城邑善女天時長者子妻名水肩藏有其二
子一名水滿二名水藏是時流水將其二子
漸次遊行城邑聚落過空澤中深嶮之處見
諸禽獸豺狼狐玃鵰鷲之屬食血肉者皆悉
奔飛一向而去時長者子作如是念此諸禽
獸何因緣故一向飛走我當隨後暫往觀之即
便隨去見有大池名曰野生其水將盡於此
池中多有衆魚流水見已生大悲心時有樹
神示現半身作如是語善哉善哉善男子汝
有實義名流水者可愍此魚應與其水有二

BD00612　金光明最勝王經卷九

有實義名流水者可慈此魚應與其水有二
因緣名爲流水一能流水二能與水汝今應
當隨名而作是時流水問樹神言此魚頭數
爲有幾何樹神荅曰數滿十千善女天時長
者子聞是數已倍益悲心時此大池爲日所
暴餘水無幾是十千魚將入死門旋身婉轉
見是長者心有所希隨逐瞻視目未曾捨時
長者子見是事已馳趣四方欲覓於水竟不
能得復望一邊見有大樹即便昇上折取枝
葉爲作蔭涼復更推求是池中水從何處来
尋覓不已見一大河名曰水生時此河邊有
漁人爲取魚故於河上流懸險之處決棄其
水不令下過於所決處卒難脩補便作是念
此崖深峻設百千人時經三月亦未能斷况
我一身而甚辦時長者子速還本城至

大王所頭面礼足却住一面合掌恭敬作如
是言我為大王國土人民治種種病悉令安
隱漸次遊行至其空澤見有一池名曰野生
其水欲涸有十千魚為日所暴將死不久唯
願大王慈悲愍念與二十大象暫往負水濟
彼魚命如我與諸病人壽命尒時大王即勅
大臣速疾與此醫王大象時彼大臣奉王勅
已白長者子善哉大士仁今自可至象廄中
隨意選取二十大象利益眾生令得安樂是時
流水及其二子將二十大象又從酒家多借
皮囊往決水處以囊盛水象負至池瀉置池
中水即弥滿還復如故善女天時長者子
於池四邊周旋而視時彼眾魚亦復隨逐循
岸而行時長者子復作是念眾魚何故隨我
而行必為飢火之所惱逼復欲從我求索於

而行必為飢火之所惱逼復欲從我求索於
食我今當與尒時長者子流水告其子言汝
取一象最大力者速至家中啓父長者家中
所有可食之物乃至父母食噉之分及以妻
子奴婢之分悉皆收取即可持來尒時二子受
父教已乘最大象速往家中至祖父所說如
上事收取家中可食之物置於象上疾還父
所至彼池邊是時流水見其子來身心喜
躍遂取餅食遍散池中魚得食已悉皆飽
足便作是念我今施食令魚得命願於來世
當施法食充濟無邊復更思惟我先曾於
空閑林處見一苾芻讀大乘經說十二緣生甚
深法要又經中說若有衆生臨命終時得聞
寶髻如來名者即生天上我今當為是十千
魚演說甚深十二緣起亦當稱說寶髻佛名

然聞昔說有二種人一者深信大乘二者不

信毀呰亦當為彼增長信心時長者子作如

是念我入池中可為眾魚說深妙法作是念

已即便入水唱言南謨過去寶髻如來應正

遍知明行足善逝世間解無上士調御丈夫

天人師佛世尊此佛往昔脩菩薩行時作是

誓願於十方界所有眾生臨命終時聞我名

者命終之後得生三十三天尒時流水復為

池魚演說如是甚深妙法此有故彼有此生

故彼生所謂無明緣行行緣識識緣名色名

色緣六處六處緣觸觸緣受受緣愛愛緣

取取緣有有緣生生緣老死憂悲苦惱此滅

故彼滅所謂無明滅則行滅行滅則識滅識

滅則名色滅名色滅則六處滅六處滅則觸

滅觸滅則受滅受滅則愛滅愛滅則取滅取

滅則有滅有滅則生滅生滅則老死滅老死

滅觸滅則受滅受滅則愛滅愛滅則取滅取
滅則有滅有滅則生滅生滅則老死滅老死
滅則憂悲苦惱滅如是純極苦蘊悉皆除滅
說是法已復為宣說十二緣起相應陁羅
尼曰
怛姪他　毗析你毗析你　毗析你
僧塞枳你　僧塞枳你　僧塞枳你
毗尒你　毗尒你　毗尒你莎訶
怛姪他　那弭你那弭你　那弭你
颯鉢哩設你　颯鉢哩設你　颯鉢哩設你莎訶
怛姪他　薜達你薜達你　薜達你
窒里瑟你你　窒里瑟你你　窒里瑟你你
鄔波地你　鄔波地你　鄔波地你莎訶
怛姪他　婆毗你婆毗你　婆毗你

闍摩伱伱　闍摩伱伱　闍摩伱伱莎訶
尒時世尊為諸大衆說長者子昔緣之時諸
人天衆歎未曾有時四大天王各於其處異
口同音作如是說
善哉釋迦尊　說妙法明呪　生福除衆惡　十二支相應
我等亦說呪　擁護如是法　若有生違逆　不善隨順者
頭破作七分　猶如蘭香梢　我等於佛前　共說其呪曰
怛姪他　呬里　謎　揭睇　健陁　哩
旃荼　里　地　囇　輅伐　囇　石　呬　伐　囇
補囉布　囇　矩矩末底　嶠　囉末底　達地目契
窶嚕　婆　毋嚕　婆　具　荼　毋　嚕　健　提
杜　嚕　杜　嚕　毗　囇　翳　涅　恚　泥　沓（徒洽下同）娓
達　沓　娓　鄔　恚　怛　哩　烏　率　吒　囉　伐　底
頞　剌　婆　伐　底　鉢　杜　摩　伐　底
俱　蘇　摩　伐　底　莎　訶

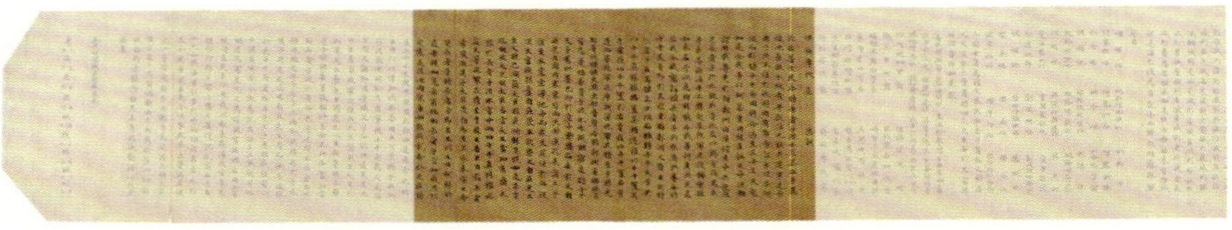

俱蘱摩伐底　莎訶
佛告善女天尒時長者子流水及其二子爲
彼池魚施水施食并說法已俱共還家是長
者子流水復於後時因有聚會設衆伎樂醉
酒而卧時十千魚同時命過生三十三天起
如是念我等以何善業因緣生此天中便相
謂曰我等先於贍部洲内墮傍生中共受魚
身長者子流水施我等水及以餅食復爲我
等說甚深法十二緣起及陁羅尼復稱寶髻
如來名号以是因緣能令我等得生此天是
故我今咸應詣彼長者子所報恩供養尒時
十千天子即於天没至贍部洲大鑿王所時
長者子在高樓上安隱而睡時十千天子共
以十千真珠瓔珞置其頭邊復以十千置其
之處復以十千置於右脇復以十千置右脇

還雨曼陁羅花摩訶曼陁羅花積至于膝光
明普照種種天樂出妙音聲令贍部洲有睡眠者
皆悉覺悟長者子流水亦從睡寤是時十千
天子為供養已即於空中飛騰而去於天自
在光王國内處處皆雨天妙蓮花是諸天子
復至本處空澤池中雨衆天花便於此沒
還天宮殿隨意自在受五欲樂天自在光王
至天曉已問諸大臣昨夜何緣忽現如是希有
瑞相放大光明大臣荅言大王當知有諸天
衆於長者子流水家中雨四十千真珠瓔珞
及天曼陁羅花積至于膝王告臣曰詣長者
家喚取其子大臣受勑即至其家奉宣王命
喚長者子時長者子即至王所王曰何緣昨
夜示現如是希有瑞相長者子言如我思忖
定應是彼池内衆魚如經所說命終之後得

定應是彼池內衆魚如經所說命終之後得
生三十三天彼來報恩故現如是希奇之相
王曰何以得知流水荅曰王可遣使并我二
子往彼池所驗其虛實彼十千魚為死為活
王聞是語即便遣使及子向彼池邊見其池
中多有曼陀羅花積成大聚諸魚並死見已
馳還為王廣說王聞是已心生歡喜歎未曾
有尒時佛告菩提樹神善女天汝今當知昔
時長者子流水者即我身是持水長者即妙
幢是彼之二子長子水滿即銀幢是次子水
藏即銀光是彼天自在光王者即汝菩提樹
神是十千魚者即十千天子是因我往昔以
水濟魚與食令飽為說甚深十二緣起并此
相應陀羅尼呪又為稱彼寶髻佛名因此善

於彼生天上來我所歡喜聽法我皆當為
授於阿耨多羅三藐三菩提記說其名号善
女天如我往昔於生死中輪迴諸有廣為利
益令無量衆生悉令次第成無上覺與其授
記汝等皆應勤求出離勿為放逸尒時大衆
聞說是已悉皆悟解由大慈悲救護一切勤
脩苦行方能證獲无上菩提咸發深心信受
歡喜

金光明最勝王經卷第九

耄 毛報 痰 徒甘 癊 於禁 貜 俱縛 枳 居尒 須 孫氏 媲 普詣 睇 呼計 梢 所交

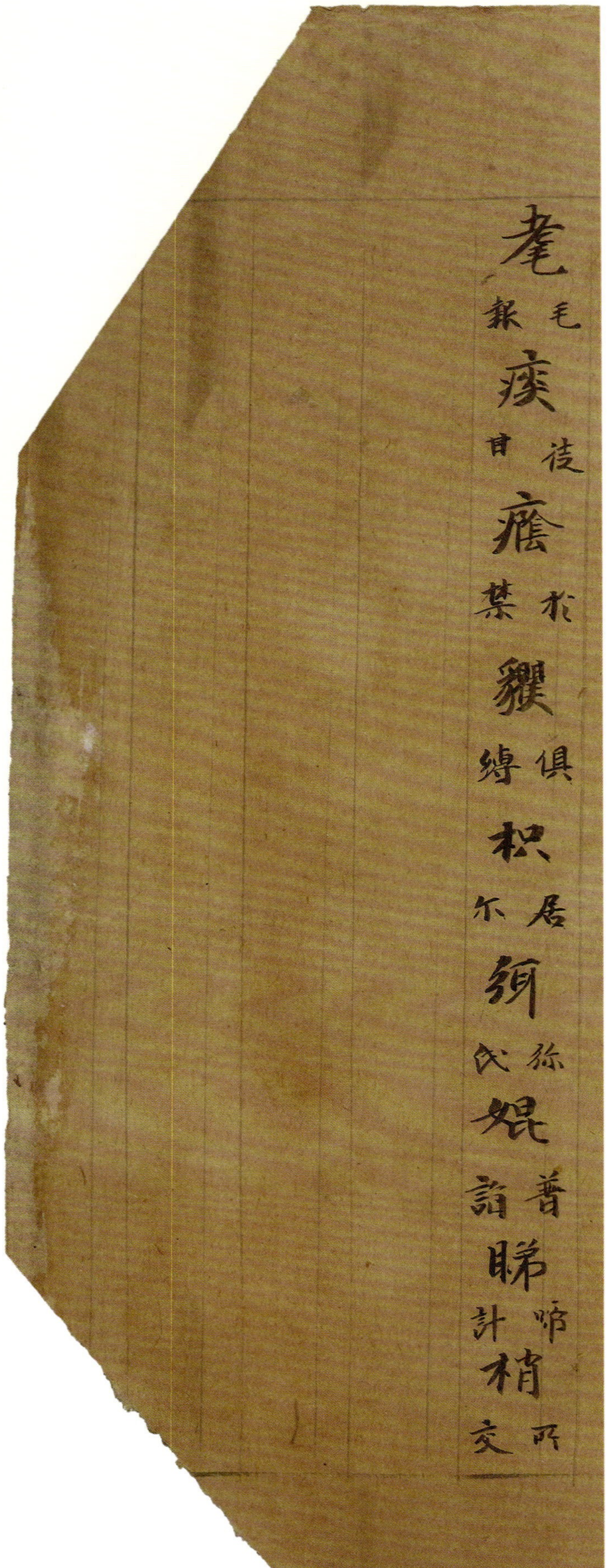
耄毛報瘯徒甘癊於禁貜俱縛枳居尔須孫氏婫普詣睇啼計梢所交

BD00614 大般若波羅蜜多經卷三五六

（唐）玄奘 譯

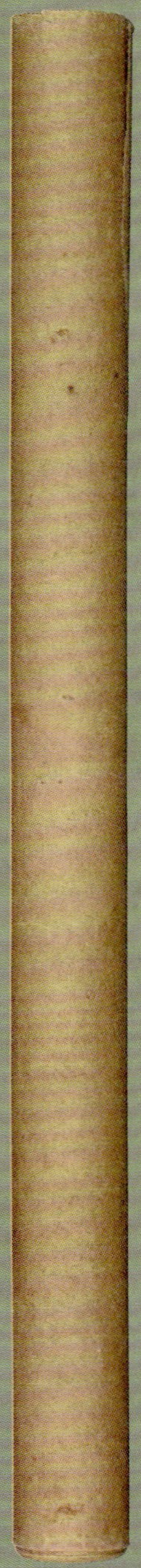

118.6cm × 25.8cm

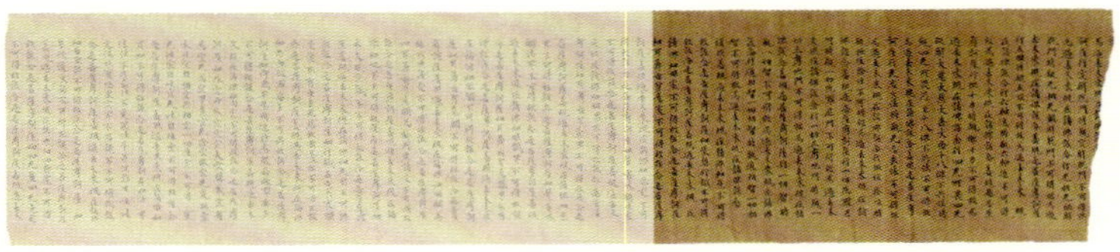

道
爲過去未來現在諸佛讃念
訶薩行空解脫門時觀空解脫門不可得故
爲過去未來現在諸佛讃念行无相无願解
脫門時觀无相无願解脫門不可得故爲過
去未來現在諸佛讃念善現是菩薩摩訶薩
行五眼時觀五眼不可得故爲過去未來現
在諸佛讃念行六神通時觀六神通不可得
故爲過去未來現在諸佛讃念善現是菩薩
摩訶薩行佛十力時觀佛十力不可得故爲
過去未來現在諸佛讃念行四无所畏四无
礙解大慈大悲大喜大捨十八佛不共法時
觀四无所畏乃至十八佛不共法不可得故
爲過去未來現在諸佛讃念善現是菩薩摩
訶薩行无忘失法時觀无忘失法不可得故

在過去未來現在諸佛護念行恒住捨性時
觀恒住捨性不可得故為過去未來現在諸
佛護念善現是菩薩摩訶薩行一切陁羅尼
門時觀一切陁羅尼門不可得故為過去未
來現在諸佛護念行一切三摩地門時觀一
切三摩地門不可得故為過去未來現在諸
佛護念善現是菩薩摩訶薩行一切智時
觀一切智不可得故為過去未來現在諸佛
護念行道相智一切相智時觀道相智一切相
智不可得故為過去未來現在諸佛護念
復次善現過去未來現在諸佛如色不可得
故護念是菩薩摩訶薩如受想行識不可得
故護念是菩薩摩訶薩善現過去未來現在
諸佛如眼處不可得故護念是菩薩摩訶薩
如耳鼻舌身意處不可得故護念是菩薩摩

諸佛如眼處不可得故護念是菩薩摩訶薩
如耳鼻舌身意處不可得故護念是菩薩摩
訶薩善現過去未來現在諸佛如色處不可
得故護念是菩薩摩訶薩如聲香味觸法處
不可得故護念是菩薩摩訶薩善現過去未
來現在諸佛如眼界不可得故護念是菩薩
摩訶薩如耳鼻舌身意界不可得故護念是
菩薩摩訶薩善現過去未來現在諸佛如色
界不可得故護念是菩薩摩訶薩如聲香味
觸法界不可得故護念是菩薩摩訶薩善現
過去未來現在諸佛如眼識界不可得故護
念是菩薩摩訶薩如耳鼻舌身意識界不可
得故護念是菩薩摩訶薩善現過去未來現
在諸佛如眼觸不可得故護念是菩薩摩訶
薩如耳鼻舌身意觸不可得故護念是菩薩

摩訶薩善現過去未來現在諸佛如眼觸爲
緣所生諸受不可得故護念是菩薩摩訶薩
如耳鼻舌身意觸爲緣所生諸受不可得故
護念是菩薩摩訶薩善現過去未來現在諸
佛如地界不可得故護念是菩薩摩訶薩如
水火風空識界不可得故護念是菩薩摩訶
薩善現過去未來現在諸佛如无明不可得
故護念是菩薩摩訶薩如行識名色六處觸
受愛取有生老死愁歎苦憂惱不可得故護
念是菩薩摩訶薩善現過去未來現在諸佛
如布施波羅蜜多不可得故護念是菩薩摩
訶薩如淨戒安忍精進靜慮般若波羅蜜多
不可得故護念是菩薩摩訶薩善現過去未
來現在諸佛如内空不可得故護念是菩薩摩
訶薩如外空内外空空空大空勝義空有

訶薩如外空內外空空空大空勝義空有
為空无為空畢竟空无際空散空无變異空
本性空自相空共相空一切法空不可得空
无性空自性空无性自性空不可得故護念
是菩薩摩訶薩善現過去未來現在諸佛如
真如不可得故護念是菩薩摩訶薩如法界
法性不虛妄性不變異性平等性離生性法
定法住實際虛空界不思議界不可得故護
念是菩薩摩訶薩善現過去未來現在諸佛
如苦聖諦不可得故護念是菩薩摩訶薩如
集滅道聖諦不可得故護念是菩薩摩訶薩
善現過去未來現在諸佛如四靜慮不可得
故護念是菩薩摩訶薩如四无量四无色定
不可得故護念是菩薩摩訶薩善現過去未

BD00615 大乘密嚴經卷中

（唐）地婆訶羅 譯

395.5cm×25.5cm

身
合方像　藏識亦如是
諸蓮花　與水不相離　不爲水所著
氣莫能染
終不自見　藏識住於身　攝藏諸種子
言　如[illegible]後世間　業用皆不停　衆生莫能見
妄分別　見牛如等角　不了角非有　因言兔角无
分析至微塵　求覺无所有　要待於有法　而起於无見
有法本自无　无見何所待　若有若无法　展轉互相因
有无二法中　不應起分別　若離於所覺　能覺即不生
譬如旋火輪　翳幻等衆事
皆因少所見　而生是諸覺　若離於所因　此覺即无有
名相互相繫　習氣无有邊　一切諸分別　與意而俱起
證於真實境　習氣心不生
是[illegible]見名[illegible]　无生者妄覺　戲論而熏習　生於種種心

…取及所取　衆生心自性　…
…覺　所覺義皆无　能覺所覺性
…樓獨心　凡愚不能見
如海風所擊　波浪无停息　心爲境風動
種種諸分別　自內而執取
如地无分別　庶物依以生　藏識亦復然　衆境…
如人以已手　還自摩捉身　亦如象以鼻　取水…
復似諸嬰兒　以口含其指　如是自心內　現境…
是心之境界　普遍於三有　久修觀行者　而能…
內外諸世界　一切唯心現
尒時金剛藏菩薩摩訶薩說此語竟默
坐住无處所微妙之禪遊法界門入諸
見有无量佛子當來此國住循行此
起放大光明其光普照欲色无色…
是光明中復現无量殊勝佛土有无量…

是光明中復現无量殊勝佛土有无量八
好莊嚴隨諸世間之所欲樂而為利益令
受持寶嚴名号彼諸佛子互相觀
言寶嚴佛土能淨眾福滅一切
所住之處於諸佛國最上无比我
咸悅樂可共俱往時諸佛子各從所住
此國尒時淨居諸天與阿迦尼吒螺髻梵王
同會一處咸於此土佛及菩薩生希有心諸
梵王言天主我等今者咸興是念何時當得
陪侍天王詣寶嚴土尒時梵王聞是語已與
諸天眾圍遶即同行中路逢向因知所適梵王
先悟作是思惟寶嚴佛國觀行之境若非其
人何階可至非是欲色无色諸天及外道神
通所能往詣我今云何而來至此復自念言
我天中天假吾威力而能至此作是念已發

鬘顯命即時見有无量諸佛在於道中威光
照曜時螺髻梵王即白佛言世尊我等今者
當何所作而能速詣密嚴佛土佛告之言汝
可退還所以者何密嚴佛國觀行之境得正
定人之所住處於諸佛刹最勝无比非有色
者所能往詣時螺髻梵王聞佛記已與諸天
衆尋還天宮尒時淨居諸天共相議言螺髻
梵王有大威力而不能往當知此土最爲殊
勝但是得如幻三昧諸觀行人所行之境如是
稱揚密嚴功德其聲展轉靡不傳聞尒時諸
佛子衆來此會者聞是語已盡加欲敬白金
剛藏菩薩摩訶薩言我等於法深懷渴慕
惟願大明爲我宣說金剛藏言佛所說法誰
能具演唯除如來之所護念夫如來者於觀

唯願大明為我宣説金剛藏言佛所説法誰
能具演唯除如来之所護念如来者於觀
行中最勝自在所有境界不可思議云何可
為非觀行人開示演説時特進菩薩及須夜
摩諸佛子等復共同聲請言速説尒時神通
王菩薩文殊師利菩薩慈氏菩薩緊那羅菩
薩及餘无量諸菩薩衆復作是言善哉仁者
願速為説是時復有无量諸天於虚空中作
天妓樂同心勸請當尒之時螺髻梵王承佛
威力而来此會向金剛藏菩薩摩訶薩而説
偈言
今此諸大會　嚴飾未曾有　悉是尊弟子　聰慧无等倫
皆於尊者處　渴仰而求法　我今猶未知　所問為何等
為問憍羅婆　勝墮及須生　乃至盛年焉　轉輪王所作
為問甘蔗種　十号奇國王　欲色无色中　人天等之法

爲問菩薩行　犍闥及看闡　乃至阿脩羅　星像等衆論
唯願如其事　次第而演說　我等及天人　一心咸聽受
尒時金剛藏菩薩摩訶薩告諸大衆　豈不
聞螺髻梵王淨居天衆及諸佛子勤心請法
尒時解脫月菩薩无盡意菩薩虛空王菩薩
持世菩薩得大勢菩薩觀自在菩薩陁羅尼
自在菩薩寶髻菩薩天冠菩薩金剛手菩薩
寂靜慧菩薩寶手菩薩及餘无量諸億上中
俱來佛子咸共瞻仰金剛藏尊而說偈言
過去及未來　如來清淨智　尊於佛親受　明了心不疑
此衆皆樂聞　願尊時演說
尒時金剛藏三昧王普觀大衆以偈問曰
如來所說法　非我其能演　唯除佛菩薩　威神之所護
我今至心礼　自在清淨音　摩尼寶藏殿　佛及諸佛子
我以敬心說　如來清淨智　紹隆佛種姓　汝等應聽受

我以敬心說　如來清淨智　能隆佛種姓　汝等應聽受
非說過去等　最勝諸王法　但示於密嚴　如來之種姓
佛智甚微妙　牟尼勝功德　正觀之所行　離諸心妄計
是故非我力　能演此甚深　但以佛威神　從佛而聽受
此智最微妙　是諸三昧花　佛在密嚴中　正受而開演
遠離諸言說　及以一切見　若有若无等　如是四種邊
是名最清淨　中道之妙理　密嚴諸定者　於此能觀察
離著而轉依　速入如來地
尒時會中諸佛子衆聞金剛藏菩薩摩訶薩
說是偈已稽首恭敬而白之言我等於法深
生愛樂如渴思漿如蜂念蜜今此會中諸佛
子衆於深定智皆得自在有大神力王諸世
界願聞如來所說之法唯願尊者以梵音聲
因陁羅聲及以如來衆所說可樂甚之音演

於彼義令得曉了金剛藏菩薩言如來所說
語義真實希有難見譬如空中无樹等物而
見其影甚為希有如來所說希有亦然如空
中風及以鳥跡无能見者牟尼所說種種義
趣難可得見亦復如是世間之法有智慧者
能以譬喻分明顯說佛口所宣過諸譬喻非
言所及我之所見譬如夢鏡乾闥婆城今此
會中諸觀行者有大智慧於真實義已得明
了我今云何能為是人說不思議諸佛境界
雖然當承如來威神之力為衆宣述汝諸佛
子咸應諦聽如來所說文義相應出過心意
非喻所及譬如妙花衆蜂競採先至之者取
其精粹後來至者但味其餘如是如來得法
精粹我味其餘為衆說耳即說偈言
天中天境界　增悅諸明智　非心口所能　度量分別說

天中天境界　增悅諸明智　非心口所能　度量分別說
爲欲善降伏　世間憍慢心　示同人之形　佛相爲嚴飾
圓光及輪輻　種種皆成就　遊處諸宮殿　人天共所瞻
如來四時中　常應密嚴住　而於諸世界　現生及涅槃
淳善少穢時　惡生及濁亂　隨諸衆生類　所應而利益
業用無暫停　密嚴恒不動
密嚴無垢處　觀行者所依　惡生濁亂時　顯示如來相
譬如淨滿月　影遍於衆水　如是諸色像　普現於世間
如來淨智境　智者所觀見　以諸衆生類　所樂各不同
佛以種種身　隨宜而應化
或見大自在　或見毗紐天　或見迦毗羅　住空而說法
或見毗陁者　或復見常行　或見娑旦那　鳩摩及尸棄
羅侯敦部等　乃至緊那羅　甘蔗月種王　一切所瞻仰
金剛等衆寶　乃至於鉢錫　皆由佛威力　隨應而出生
天女及龍女　乾闥婆之女　冶容而進趣　不能惑其心

破壞中諸境　如來已降伏　色无色亦然　无有能遊動
无相諸定者　未離於惑纏　非妄非清淨　退墮而流轉
有身者所生　非如密嚴國
密嚴微妙土　清淨福為嚴　解脫知見人　最勝之依處
十種大自在　力通三昧法　如佛而嚴飾　意生之妙身
修行於十地　施等波羅蜜　衆相以莊嚴　其身甚清淨
遠離於分別　亦非无覺了　无有我意根　慧根常快樂
施等諸功德　淨業悉圓滿　得佛勝所依　密嚴之淨國
此土最微妙　不以日為明　諸佛及菩薩　舒光而普照
其光甚威曜　逾於百千日　无有晝夜時　亦无老死患
密嚴最勝處　諸天所希仰　最上修行者　地地而進修
了知一切法　皆以心為性　善說阿賴耶　三性法无我
其身轉清淨　而來生此國

大乘密嚴經胎生品第三

尒時金剛藏菩薩摩訶薩復告螺髻梵天王

BD00615　大乘密嚴經卷中

尒時金剛藏菩薩摩訶薩復告螺髻梵天王
言天王當知衆生之身九物爲性有爲衆相
恒共遷動大種諸色微塵之聚以諸不淨精
血合成爲无量業常所經覆肆如毒樹扶疎
蓊欝貪恚及癡而共增長經於九月或十月
餘業力駈馳生機運動從於産門倒首而出
煩冤逼迫受无量苦天王此諸衆生或從人
中或從畜生餓鬼羅剎阿脩羅等而來生此
或有曾作轉輪聖王乃至天中威力自在或
是持呪外道仙人并其眷屬或脩禪者退失
禪定從如是等處而生此中既生之已諸根
長大隨所親近宿習因緣而造諸業復因此
業輪迴諸趣若有智者遇善知識聞法思惟
而得解悟不著文字離諸分入三解脫門見
法真理最上清淨最上上清淨而來往此處

嚴佛國於无量億諸佛土中隨宜顯現天王
如是生者永得解脱生死險趣名為丈夫名
為智者亦復説名天中之天諸佛衆所共
圍遶天主胎藏之身虚僞不實非自性生亦
非无明愛業所生何以故无明愛業因相而有
若能了達悉滅无餘亦无名字及以分别
斯人即生密嚴佛土天王若諸定者住於三
昧心有攀縁即為色聲之所誑惑而生取著
不能證因此即名為散動之道是三昧力生
於欲界及色无色乃至无想衆生之處是人
即為三昧所縛若住三昧善調其心離能所
取離二取已心即不生是名真實觀行之者
若欲生於密嚴佛國常當住此真實三昧

大乘密嚴經顯示自作品第四

尒時金剛藏菩薩摩訶薩復告螺髻梵天王

尒時金剛藏菩薩摩訶薩復告螺髻梵天王
言天王心有八種或復有九與无明俱爲世
間因世間意是心心法現是心心法及以諸
根生展流轉爲无明等之所變異其根本心
堅固不動天王世間因緣有十二分若根若境
能生所生剎那壞滅從於梵世至非非想
皆因緣起唯有如來離諸因緣天王內外世
間動不動法皆如瓶等壞滅爲性天王諸識
微細遷流速疾是佛境界非諸世間仙人外
道所能知見衆仙外道爲愛所纏不能了知
心相差別天王假使有人勉意觀行歌讚祠
祀毗陁之法而祭於火經於一月或滿四月
如是一歲至于千歲生於梵境終亦退還天
王汝不知邪三毗陁行所得之果譬如芭蕉
生不堅固天王密嚴佛土是諸如來解脫之

處從智定得若樂解脫廣善修行天主密嚴
中人无有眷屬生死之患其心不為諸業習
氣之所染著如蓮花出水如虛空无塵如日
月高昇淨无雲翳一切諸佛恒共攝受沐淨
玄流飲智慧液得真實解度生死岸天主衆
生身中諸界五蘊識等衆法皆无所有眼色
為緣而生於識譬如因木火得熾然天主一
切境界隨妄識轉如鐵動移逐於慈石又如
陽焰乹闥婆城是諸渴鹿愚幼所取此中无
有能造等物但是凡夫心之變異天主如乹
城之中人衆往來馳騖所作見而非實衆生
之身進止去為亦復如是如夢中所見寤即非
有世間之人見蘊等法覺心明照本来寂
靜天主地等和合微塵之聚若離於心即无

静天主地等和合微塵之聚若離於心即无
所得世間諸物可持舉等觸非大種之所合
成譬如風淚病緣或亂見種種物又如起屍
无能作者世間諸法悉亦如是汝諸佛子應
勤觀察天主一切世間動植之物譬如水沫
共聚成形執衣等想同於陽燄苦樂諸受
猶如浮泡行如芭蕉中无有堅識如幻事虛僞
不實天主三界之中動不動法同於夢境遠
心所現亦如幻事乾闥婆城但誑愚夫若諸
佛子於如是法能正覺知无所畏以智慧
火焚燒一切諸惑因緣即生妙樂家嚴之土
天主一切世間皆无有相相為繫縛无相即
解相是心境心境不實真實之法是智境界
遠離衆相非心所行天主一切諸相是三界
去色聲等法名之為相諸根境界一切衆生

繫縛之因若能於相而不貪著衆縛悉除安
樂自在
尒時寶髻菩薩摩訶薩在大衆中坐殊妙座
向金剛藏菩薩摩訶薩而作是言尊者於諸
億佛國菩薩衆中最為上首成最上智了所
知法无量志願皆已明見在瑜祇衆能淨彼
疑善知衆生身之夲起能於一劫或一劫餘
以妙音詞演而不倦何故不為諸仁等說離
諸違順似非似因真實之法令諸智者心淨
无疑捨蘊因緣疾得解脫法與非法是蘊因
緣生於此身及後身故智能脫苦愛為堅縛
尊者衆生之心因色與明作意等緣馳散於
境其心速疾難可覺知无明愛業以之濁亂
尊者衆生身中種種諸法意為先導意最
速疾意為殊勝隨所有法與意相應彼法皆以

BD00615　大乘密嚴經卷中

速疾意爲殊勝隨所有法與意相應彼法皆以
意爲其性如摩尼珠顯現衆彩如是之義仁
何不說又如衆色摩尼之寶隨所相應種種
明現仁亦如是具如來像住自在宮諸佛子
衆所共圍遶亦應如是隨宜說法
尒時金剛藏菩薩摩訶薩言密嚴佛土是
最寂靜是大涅槃是妙解脫是淨法界亦是
智慧及以神通諸觀行者所止之處本來常住
不壞不滅水不能濡風不能燥非如瓶等勤
力所成尋復破壞非諸似因及不似因之所成
立何以故宗及諸分是不定法諸宗及因各
差別故密嚴佛土是轉依識起分別心非諸
妄情所行之境密嚴佛土是[illegible]處无始

BD00616 大般若波羅蜜多經卷二〇一

（唐）玄奘 譯

689.9cm × 26cm

清□
一切智□
乃至□
清淨无二无二分无別无□
故舌界清淨舌界清淨故一切智□
以故□見者清淨若舌界清淨
清淨无二无二分无別无斷故見者清□
味界舌識界及舌觸舌觸爲緣所生諸受清
淨味界乃至舌觸爲緣所□□受清淨故一
切智智清淨何以故若見者清淨若味界乃
至舌觸爲緣所生諸受清淨若一切智智清
淨无二无二分无別无斷故善現見者清淨
故身□淨身界清淨故一切智智清淨何
若見者清淨若身界清淨若一切智□

无二无二分无別无斷故見者清淨故
觸界身識界及身觸身觸爲緣所生諸受清
淨觸界乃至身觸爲緣所生諸受清淨故一
切智智清淨何以故若見者清淨若觸界乃
至身觸爲緣所生諸受清淨若一切智智清
淨无二无二分无別无斷故善現見者清淨
故意　清淨意界清淨故一切智智清淨何
若見者清淨若意界清淨若一切智智
无二无二分无別无斷故見者清淨故
法界意識界及意觸意觸爲緣所生諸受清
淨法界乃至意觸爲緣所生諸受清淨故一
切智智清淨何以故若見者清淨若法界乃
至意觸爲緣所生諸受清淨若一切智智清
淨无二无二分无別无斷故善現見者清淨
故地　清淨地界清淨故一切智智清淨何

故地、清淨地界清淨故一切智智清淨何
以若見者清淨若地界清淨若一切智智
淨无二无二分无別无斷故見者清淨故
水火風空識界清淨水火風空識界清淨故
一切智智清淨何以故若見者清淨若水火
風空識界清淨若一切智智清淨无二无二
分无別无斷故善現見者清淨故无明清淨
无明清淨故一切智智清淨何以故若見者
清淨若无明清淨若一切智智清淨无二无
二分无別无斷故見者清淨故行識名色六
處觸受愛取有生老死愁歎苦憂惱清淨行
乃至老死愁歎苦憂惱清淨故一切智　智
清淨何以故若見者清淨若行乃至老死愁
歎苦憂惱清淨若一切智智清淨无二无二
分无別无斷故

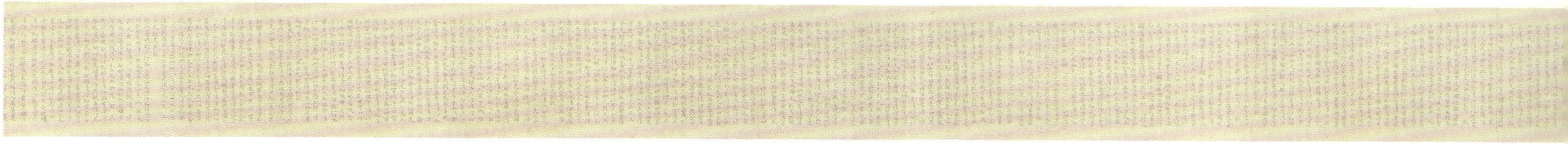

善現見者清淨故布施波羅蜜多清淨布施
羅蜜多清淨故一切智智清淨何以故若
者清淨若布施波羅蜜多清淨若一切智
智清淨无二无二分无別无斷故見者清淨
故淨戒安忍精進靜慮般若波羅蜜多清淨
淨戒乃至般若波羅蜜多清淨故一切智智
清淨何以故若見者清淨若淨戒乃至般若
波羅蜜多清淨若一切智智清淨无二无二
分无別无斷故善現見者清淨故內空清淨
空清淨故一切智智清淨何以故若見者
清淨若內空清淨若一切智智清淨无二无
二分无別无斷故見者清淨故外空內外空
空空大空勝義空有為空无為空畢竟空无
際空散空无變異空本性空自相空共相空
一切法空不可得空无性空自性空无性自

際空散空无變異空本性空自相空共相空
一切法空不可得空无性空自性空无性自
性空清淨外空乃至无性自性空清淨故一
切智智清淨何以故若見者清淨若外空乃
至无性自性空清淨若一切智智清淨无二
无二分无別无斷故善現見者清淨故真如
清淨真如清淨故一切智智清淨何以故若
見者清淨若真如清淨若一切智智清淨无
二无二分无別无斷故見者清淨故法界法
性不虛妄性不變異性平等性離生性法定
法住實際虛空界不思議界清淨法界乃至
不思議界清淨故一切智智清淨何以故若
見者清淨若法界乃至不思議界清淨若一
切智智清淨无二无二分无別无斷故善現
見者清淨故苦聖諦清淨苦聖諦清淨故一

切智智清淨何以故若見者清淨若苦聖諦
清淨若一切智智清淨无二无二分无別无斷
故見者清淨故集滅道聖諦清淨集滅道
聖諦清淨故一切智智清淨何以故若見者
清淨若集滅道聖諦清淨若一切智智清淨
无二无二分无別无斷故善現見者清淨故
四靜慮清淨四靜慮清淨故一切智智清淨
何以故若見者清淨若四靜慮清淨若一切
智智清淨无二无二分无別无斷故見者清淨
故四量无四无色定清淨四无量四无色
定清淨故一切智智清淨何以故若見者清
淨若四无量四无色定清淨若一切智智清
淨无二无二分无別无斷故善現見者清淨
故八解脫清淨八解脫清淨故一切智智清
淨何以故若見者清淨若八解脫清淨若一

淨何以故若見者清淨若八解脫清淨若一
切智智清淨无二无二分无別无斷故見者
清淨故八勝處九次第定十遍處清淨八勝
處九次第定十遍處清淨故一切智智清淨
何以故若見者清淨若八勝處九次第定十
遍處清淨若一切智智清淨无二无二分无
別无斷故善現見者清淨故四念住清淨四
念住清淨故一切智智清淨何以故若見者清
淨若四念住清淨若一切智智清淨无二
无二分无別无斷故見者清淨故四正斷四
神足五根五力七等覺支八聖道支清淨四
正斷乃至八聖道支清淨故一切智智清淨
何以故若見者清淨若四正斷乃至八聖道
支清淨若一切智智清淨无二无二分无別

无斷故善現見者清淨故空解脫門清淨空
解脫門清淨故一切智智清淨何以故若見
者清淨若空解脫門清淨若一切智智清淨
无二无二分无別无斷故見者清淨故无相
无願解脫門清淨无相无願解脫門清淨故
一切智智清淨何以故若見者清淨若无相
无願解脫門清淨若一切智智清淨无二无
二分无別无斷故善現見者清淨故菩薩十
地清淨菩薩十地清淨故一切智智清淨何
以故若見者清淨若菩薩十地清淨若一切
智智清淨无二无二分无別无斷故
善現見者清淨故五眼清淨五眼清淨故一
切智智清淨何以故若見者清淨若五眼清
淨若一切智智清淨无二无二分无別无斷故
見者清淨故六神通清淨六神通清淨故

見者清淨故六神通清淨六神通清淨故
一切智智清淨何以故若見者清淨若六通神
清淨若一切智智清淨无二无二分无別无
斷故善現見者清淨故佛十力清淨佛十
力清淨故一切智智清淨何以故若見者清
淨若佛十力清淨若一切智智清淨无二无
二分无別无斷故見者清淨故四无所畏四
无礙解大慈大悲大喜大捨十八佛不共法
清淨四无所畏乃至十八佛不共法清淨故
一切智智清淨何以故若見者清淨若四无
所畏乃至十八佛不共法清淨若一切智智
清淨无二无二分无別无斷故善現見者清
淨故无忘失法清淨无忘失法清淨故一切
智智清淨何以故若見者清淨若无忘失法
清淨若一切智智清淨无二无二分无別无

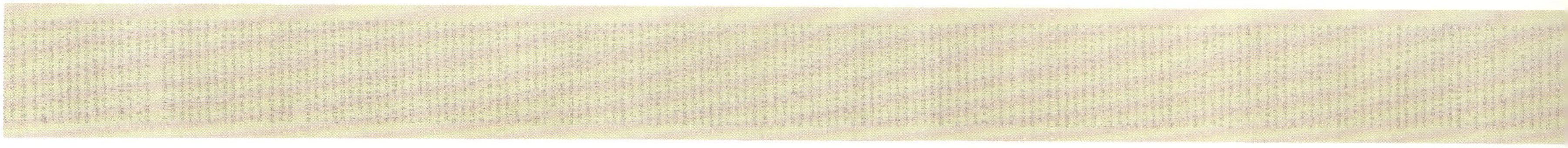

斷故見者清淨故恒住捨性清淨恒住捨性
清淨故一切智智清淨何以故若見者清淨
若恒住捨性清淨若一切智智清淨无二无
二分无別无斷故善現見者清淨故一切智
清淨一切智智清淨故一切智智清淨何以故
若見者清淨若一切智清淨若一切智智清
淨无二无二分无別无斷故見者清淨故道
相智一切相智清淨道相智一切相智清淨
故一切智智清淨何以故若見者清淨若道
相智一切相智清淨若一切智智清淨无二
无二分无別无斷故善現見者清淨故一切
陁羅尼門清淨一切陁羅尼門清淨故一切智
智清淨何以故若見者清淨若一切陁羅尼
門清淨若一切智智清淨无二无二分无別无
斷故見者清淨故一切三摩地門清淨一

門清淨若一切智智清淨无二无二分无別无
斷故見者清淨故一切三摩地門清淨一
切三摩地門清淨故一切智智清淨何以故
若見者清淨若一切三摩地門清淨若一切
智智清淨无二无二分无別无斷故
善現見者清淨故預流果清淨預流果清淨
故一切智智清淨何以故若見者清淨若預
流果清淨若一切智智清淨无二无二分无別无
斷故見者清淨故一來不還阿羅漢果
清淨一來不還阿羅漢果清淨故一切智智
清淨何以故若見者清淨若一來不還阿羅漢
果清淨若一切智智清淨无二无二分无
別无斷故善現見者清淨故獨覺菩提清淨
獨覺菩提清淨故一切智智清淨何以故若
見者清淨若獨覺菩提清淨若一切智智清

淨无二无二分无別无斷故善現見者清淨
故一切菩薩摩訶薩行清淨一切菩薩摩訶
薩行清淨故一切智智清淨何以故若見者
清淨若一切菩薩摩訶薩行清淨若一切智
智清淨无二无二分无別无斷故善現見者
清淨故諸佛无上正等菩提清淨諸佛无上
正等菩提清淨故一切智智清淨何以故若
見者清淨若諸佛无上正等菩提清淨若一
切智智清淨无二无二分无別无斷故
復次善現貪清淨即色清淨色清淨即貪清
淨何以故是貪清淨與色清淨无二无二分
无別无斷故貪清淨即受想行識清淨受
想行識清淨即貪清淨何以故是貪清淨
與受想行識清淨无二无二分无別无斷故
善現貪清淨即眼處清淨眼處清淨即

與受想行識清淨无二无二分无別无斷故
善現貪清淨即眼處清淨眼處清淨即
貪清淨何以故是貪清淨與眼處清淨无二
无二分无別无斷故貪清淨即耳鼻舌身意
處清淨耳鼻舌身意處清淨即貪清淨何以
故是貪清淨與耳鼻舌身意處清淨无二无
二分无別无斷故善現貪清淨即色處清淨
色處清淨即貪清淨何以故是貪清淨與色
處清淨无二无二分无別无斷故貪清淨即
聲香味觸法處清淨聲香味觸法處清淨即
貪清淨何以故是貪清淨與聲香味觸法處
清淨无二无二分无別无斷故善現貪清淨
即眼界清淨眼界清淨即貪清淨何以故是貪
清淨與眼界清淨无二无二分无別无斷故
貪清淨即色界眼識界及眼觸眼觸為緣所

生諸受清淨色界乃至眼觸爲緣所生諸受
清淨即貪清淨何以故是貪清淨與色界乃
至眼觸爲緣所生諸受清淨无二无二分无
別无斷故善現貪清淨即耳界清淨耳界清
淨即貪清淨何以故是貪清淨與耳界清淨
无二无二分无別无斷故貪清淨即聲界耳
識界及耳觸耳觸爲緣所生諸受清淨聲界
乃至耳觸爲緣所生諸受清淨即貪清淨何
以故是貪清淨與聲界乃至耳觸爲緣所生
諸受清淨无二无二分无別无斷故善現貪
清淨即鼻界清淨鼻界清淨即貪清淨何以
故是貪清淨與鼻界清淨无二无二分无別
无斷故貪清淨即香界鼻識界及鼻觸鼻
觸爲緣所生諸受清淨香界乃至鼻觸爲緣所
生諸受清淨即貪清淨何以故是貪清淨與

觸爲緣所生諸受清淨香界乃至鼻觸爲緣所
生諸受清淨即貪清淨何以故是貪清淨與
香界乃至鼻觸爲緣所生諸受清淨无二无
二分无別无斷故善現貪清淨即舌界清淨舌
界清淨即貪清淨何以故是貪清淨與舌界
清淨无二无二分无別无斷故貪清淨即味
界舌識界及舌觸舌觸爲緣所生諸受清淨
味界乃至舌觸爲緣所生諸受清淨即貪清
淨何以故是貪清淨與味界乃至舌觸爲緣
所生諸受清淨无二无二分无別无斷故
善現貪清淨即身界清淨身界清淨即貪清淨
何以故是貪清淨與身界清淨无二无二分
无別无斷故貪清淨即觸界身識界及身觸
身觸爲緣所生諸受清淨觸界乃至身觸爲
緣所生諸受清淨即貪清淨何以故是貪清

淨與觸界乃至身觸爲緣所生諸受清淨无
二无二分无別无斷故善現貪清淨即意界
清淨意界清淨即貪清淨何以故是貪清淨
與意界清淨无二无二分无別无斷故貪清
淨即法界意識界及意觸意觸爲緣所生諸
受清淨法界乃至意觸爲緣所生諸受清淨
即貪清淨何以故是貪清淨與法界乃至意
觸爲緣所生諸受清淨无二无二分无別无
斷故善現貪清淨即地界清淨地界清淨即
貪清淨何以故是貪清淨與地界清淨无二
无二分无別无斷故貪清淨即水火風空識
界清淨水火風空識界清淨即貪清淨何以
故是貪清淨與水火風空識界清淨无二无
二分无別无斷故善現貪清淨即无明清淨
无明清淨即貪清淨何以故是貪清淨與无

二分无别无斷故善現貪清淨即……
无明清淨即貪清淨何以故是貪清淨與无
明清淨无二无二分无别无斷故貪清淨即
行識名色六處觸受愛取有生老死愁歎苦
憂惱清淨行乃至老死愁歎苦憂惱清淨即
貪清淨何以故是貪清淨與行乃至老死愁
歎苦憂惱清淨无二无二分无别无斷故善
現貪清淨即布施波羅蜜多清淨布施波羅
蜜多清淨即貪清淨何以故是貪清淨與布
施波羅蜜多清淨无二无二分无别无斷故
貪清淨即淨戒安忍精進靜慮般若波羅
蜜多清淨淨戒乃至般若波羅蜜多清淨即貪
清淨何以故是貪清淨與淨戒乃至般若波
羅蜜多清淨无二无二分无别无斷故善現
貪清淨即内空清淨内空清淨即貪清淨何

以故是貪清淨與內空清淨无二无二分无別
无斷故貪清淨即外空內外空空空大空
勝義空有為空无為空畢竟空无際空散
空无變異空本性空自相空共相空一切法空
不可得空无性空自性空无性自性空清淨
外空乃至无性自性空清淨即貪清淨何以
故是貪清淨與外空乃至无性自性空清淨
无二无二分无別无斷故善現貪清淨即真
如清淨真如清淨即貪清淨何以故是貪清
淨與真如清淨无二无二分无別无斷故貪
清淨即法界法性不虛妄性不變異性平等
性離生性法定法住實際虛空界不思議界
清淨法界乃至不思議界清淨即貪清淨何
以故是貪清淨與法界乃至不思議界
清淨與无二无二分无別无斷故善現貪清淨

BD00616　大般若波羅蜜多經卷二〇一

以故是貪清淨與[illegible]
清淨與无二无二分无別无斷故善現貪清淨
即苦聖諦清淨苦聖諦清淨即貪清淨何以
故是貪清淨與苦聖諦清淨无二无二分无
別无斷故貪清淨即集滅道聖諦清淨集滅
道聖諦清淨即貪清淨何以故是貪清淨與
集滅道聖諦清淨无二无二分无別无斷故
善現貪清淨即四靜慮清淨四靜慮清淨即
貪清淨何以故是貪清淨與四靜慮清淨无
二无二分无別无斷故貪清淨即四无量四
无色定清淨四无量四无色定清淨即貪清
淨何以故是貪清淨與四无量四无色定清
淨无二无二分无別无斷故善現貪清淨即
八解脫清淨八解脫清淨即貪清淨何以故
是貪清淨與八解脫清淨无二无二分无別

无斷故貪清淨即八勝處九次第定十遍處
清淨八勝處九次第定十遍處清淨即貪清
淨何以故是貪清淨與八勝處九次第定十
遍處清淨无二无二分无別无斷故善現貪
清淨即四念住清淨四念住清淨即貪清淨
何以故是貪清淨與四念住清淨无二无二
分无別无斷故貪清淨即四正斷四神足五
根五力七等覺支八聖道支清淨四正斷乃
至八聖道支清淨即貪清淨何以故是貪清
淨與四正斷乃至八聖道支清淨无二无二
分无別无斷故善現貪清淨即空解脫門清
淨空解脫門清淨即貪清淨何以故是貪清
淨與空解脫門清淨无二无二分无別无斷
故貪清淨即无相无願解脫門清淨无相无
願解脫門清淨即貪清淨何以故是貪清淨

故貪清淨即无相无願解脫門清淨无相无
願解脫門清淨即貪清淨何以故是貪清淨
與无相无願解脫門清淨无二无二分无別无
斷故善現貪清淨即菩薩十地清淨菩薩
十地清淨即貪清淨何以故是貪清淨與菩
薩十地清淨无二无二分无別无斷故
善現貪清淨即五眼清淨五眼清淨即貪清
淨何以故是貪清淨與五眼清淨无二无二分
无別无斷故貪清淨即六神通清淨六神
通清淨即貪清淨何以故是貪清淨與六神
通清淨无二无二分无別无斷故善現貪清
淨即佛十力清淨佛十力清淨即貪清淨何
以故是貪清淨與佛十力清淨无二无二分
无別无斷故貪清淨即四无所畏四无礙解
大慈大悲大喜大捨十八佛不共法清淨四

无所畏乃至十八佛不共法清淨即貪清淨
何以故是貪清淨與四无所畏乃至十八佛
不共法清淨无二无二分无別无斷故善現
貪清淨即无忘失法清淨无忘失法清淨即
貪清淨何以故是貪清淨與无忘失法清淨
无二无二分无別无斷故貪清淨即恒住捨
性清淨恒住捨性清淨即貪清淨何以故是
貪清淨與恒住捨性清淨无二无二分无別
无斷故善現貪清淨即一切智清淨一切智
清淨即貪清淨何以故是貪清淨與一切智
清淨无二无二分无別无斷故貪清淨即道
相智一切相智清淨道相智一切相智清淨
即貪清淨何以故是貪清淨與道相智一切
相智清淨无二无二分无別无斷故善現貪
清淨即一切陁羅尼門清淨一切陁羅尼門

相智清淨无二无二分无别无斷故善現貪
清淨即一切陁羅尼門清淨一切陁羅尼門
清淨即貪清淨何以故是貪清淨與一切陁
羅尼門清淨无二无二分无别无斷故貪清
淨即一切三摩地門清淨一切三摩地門清
淨即貪清淨何以故是貪清淨與一切三摩
地門清淨无二无二分无别无斷故
善現貪清淨即預流果清淨預流果清淨即
貪清淨何以故是貪清淨與預流果清淨无
二无二分无别无斷故貪清淨即一来不還
阿羅漢果清淨一来不還阿羅漢果清淨即
貪清淨何以故是貪清淨與一来不還阿羅
漢果清淨无二无二分无别无斷故善現貪
清淨即獨覺菩提清淨獨覺菩提清淨即貪
清淨何以故是貪清淨與獨覺菩提清淨无

二无二分无別无斷故善現貪清淨即一切
菩薩摩訶薩行清淨一切菩薩摩訶薩行清
淨即貪清淨何以故是貪清淨與一切菩薩
摩訶薩行清淨无二无二分无別无斷故善
現貪清淨即諸佛无上正等菩提清淨諸佛
无上正等菩提清淨即貪清淨何以故是貪
清淨與諸佛无上正等菩提清淨无二无二
分无別无斷故
復次善現瞋清淨即色清淨色清淨即瞋清淨
何以故是瞋清淨與色清淨无二无二分无
別无斷故瞋清淨即受想行識清淨
受想行識清清淨即瞋清淨何以故是瞋清
淨與受想行識清淨无二无二分无別无
斷故善現瞋清淨即眼處清淨眼處清淨
即瞋清淨何以故是瞋清淨與眼處清淨无

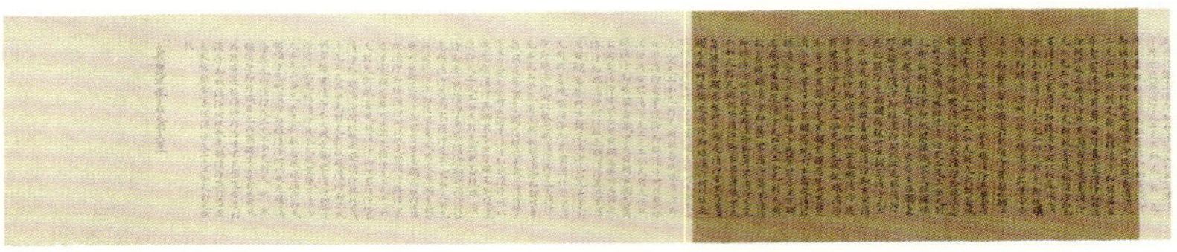

斷故善現瞋清淨即眼處清淨眼處清淨
即瞋清淨何以故是瞋清淨與眼處清淨无
二无二分无別无斷故瞋清淨即耳鼻舌
身意處清淨耳鼻舌身意處清淨即瞋清
淨何以故是眼清淨與耳鼻舌身意處清淨
无二无二分无別无斷故善現瞋清淨即色
處清淨色處清淨即瞋清淨何以故是瞋清
淨與色處清淨无二无二分无別无斷故瞋
清淨即瞋清淨何以故是瞋清淨與聲香味
清淨即聲香味觸法處清淨聲香味觸法
處清淨即瞋清淨何以故是瞋清淨與聲香味
觸法處清淨无二无二分无別无斷故善現
瞋清淨即眼界清淨眼界清淨即瞋清淨何
以故是瞋清淨與眼界清淨无二无二分无別
无斷故瞋清淨即色界眼識界及眼觸眼

觸為緣所生諸受清淨色界乃至眼觸為緣
所生諸受清淨即瞋清淨何以故是瞋清淨
與色界乃至眼觸為緣所生諸受清淨无二
无二分无別无斷故善現瞋清淨即耳界清
淨耳界清淨即瞋清淨何以故是瞋清淨與
耳界清淨无二无二分无別无斷故瞋清淨
即聲界耳識界及耳觸耳觸為緣所生諸受
清淨聲界乃至耳觸為緣所生諸受清淨即
瞋清淨何以故是瞋清淨與聲界乃至耳觸
為緣所生諸受清淨无二无二分无別无斷
故善現瞋清淨即鼻界清淨鼻界清淨
即瞋清淨何以故是瞋清淨與鼻界清淨无二无
二分无別无斷故瞋清淨即香界鼻識界及
鼻觸鼻觸為緣所生諸受清淨香界乃至鼻
觸為緣所生諸受清淨即瞋清淨何以故是

鼻觸鼻觸爲緣所生諸受清淨何以故是
觸爲緣所生諸受清淨即瞋清淨何以故是
瞋清淨與香界乃至鼻觸爲緣所生諸受清
淨无二无二分无別无斷故善現瞋清淨即
舌界清淨舌界清淨即瞋清淨何以故是瞋
清淨與舌界清淨无二无二分无別无斷故
瞋清淨即味界舌識界及舌觸舌觸爲緣所
生諸受清淨味界乃至舌觸爲緣所生諸受
清淨即瞋清淨何以故是瞋清淨與味界乃
至舌觸爲緣所生諸受清淨无二无二分无別
无斷故善現嗔清淨即身界清淨身界清
淨即瞋清淨何以故是瞋清淨與身界清淨
无二无二分无別无斷故瞋清淨即觸界身
識界及身觸身觸爲緣所生諸受清淨觸界
乃至身觸爲緣所生諸受清淨即瞋清淨何以

故是瞋清淨與觸界乃至身觸為緣所生諸受
清淨无二无二分无別无斷故善現瞋清
淨即意界清淨意界清淨即瞋清淨何以故
是瞋清淨與意界清淨无二无二分无別无
斷故瞋清淨即法界意識界及意觸意觸為
緣所生諸受法界乃至意觸為緣所生諸
受清淨即瞋清淨何以故是瞋清淨與法界
乃至意觸為緣所生諸受清淨无二无二分
无別无斷故善現瞋清淨即地界清淨地界
清淨即瞋清淨何以故是瞋清淨與地界清
淨无二无二分无別无斷故瞋清淨即水火
風空識界清淨水火風空識界清淨即瞋清
淨何以故是瞋清淨與水火風空識界清淨
无二无二分无別无斷故善現瞋清淨即无
明清淨无明清淨即瞋清淨何以故是瞋清

明清淨无明清淨即瞋清淨何以故是瞋清
淨與无明清淨无二无二分无別无斷故
瞋清淨即行識名色六處觸受愛取有生老死
愁歎苦憂惱清淨行乃至老死愁歎苦憂惱
清淨即瞋清淨何以故是瞋清淨與行乃至
老死愁歎苦憂惱清淨无二无二分无別无斷
故

大般若波羅蜜多經卷第二百一

BD00618 大般若波羅蜜多經卷二七四

（唐）玄奘 譯

190cm × 25.9cm

五眼清淨何以故若一切智智清淨若外空
乃至无性自性空清淨若五眼清淨无二无
二分无別无斷故
善現一切智智清淨故真如清淨真如清淨
故五眼清淨何以故若一切智智清淨若真
如清淨若五眼清淨无二无二分无別无斷故
一切智智清淨故法界法性不虛妄性不
變異性平等性離生性法定法住實際虛
空界不思議界清淨法界乃至不思議界清淨
故五眼清淨何以故若一切智智清淨若法
界乃至不思議界清淨若五眼清淨无二无
二分无別无斷故善現一切智智清淨故苦
聖諦清淨苦聖諦清淨故五眼清淨何以故
若一切智智清淨若苦聖諦清淨若五眼清

淨无二无二分无別无斷故一切智智清淨
故集滅道聖諦清淨集滅道聖諦清淨故五
眼清淨何以故若一切智智清淨若集滅
道聖諦清淨若五眼清淨无二无二分无別
无斷故善現一切智智清淨故四靜慮清淨
四靜慮清淨故五眼清淨何以故若一切智
智清淨若四靜慮清淨若五眼清淨无二无
二分无別无斷故一切智智清淨故四无量
四无色定清淨四无量四无色定清淨故五眼
清淨何以故若一切智智清淨若四无量四
无色定清淨若五眼清淨无二无二分无
別无斷故善現一切智智清淨故八解脫
清淨八解脫清淨故五眼清淨何以故若一
切智智清淨若八解脫清淨若五眼清淨无

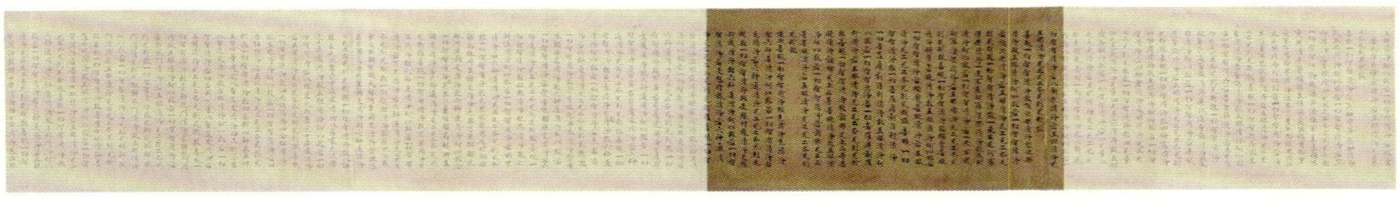

清淨八解脫清淨故五眼清淨何以故若一
切智智清淨若八解脫清淨若五眼清淨无
二无二分无別无斷故
善現一切智智清淨故預流果清淨預流果
清淨故五眼清淨何以故若一切智智清淨
若預流果清淨若五眼清淨无二无二分无
別无斷故一切智智清淨故一來不還阿羅
漢果清淨一來不還阿羅漢果清淨故五眼
清淨何以故若一切智智清淨若一來不還
阿羅漢果清淨若五眼清淨无二无二分无
別无斷故善現一切智智清淨故獨覺菩提
清淨獨覺菩提清淨故五眼清淨何以故若
一切智智清淨若獨覺菩提清淨若五眼
清淨无二无二分无別无斷故善現一切
智智清淨故一切菩薩摩訶薩行清淨

一切菩薩摩訶薩行清淨故五眼清淨何
以故若一切智智清淨若一切菩薩摩訶薩
行清淨若五眼清淨无二无二分无別无斷
故善現一切智智清淨故諸佛无上正等菩
提清淨諸佛无上正等菩提清淨故五眼清
淨何以故若一切智智清淨若諸佛无上正
等菩提清淨若五眼清淨无二无二分无別
无斷故
復次善現一切智智清淨故色清淨色清淨
故六神通清淨何以故若一切智智清淨若
色清淨若六神通清淨无二无二分无別无
斷故一切智智清淨故受想行識清淨受想
行識清淨故六神通清淨何以故若一切智
智清淨若受想行識清淨若六神通清
淨无二无二分无別无斷故善現一切智

智清淨若受想行識清淨若六神通清
淨无二无二分无別无斷故善現一切智
智清淨故眼處清淨眼處清淨故六神通清
淨何以故若一切智智清淨若眼處清淨若
六神通清淨无二无二分无別无斷故一切
智智清淨故耳鼻舌身意處清淨耳鼻舌身
意處清淨故六神通清淨何以故若一切
智智清淨若耳鼻舌身意處清淨若六神
通清淨无二无二分无別无斷故善現一切
智智清淨故色處清淨色處清淨故六神通
清淨何以故若一切智智清淨若色處清
淨若六神通清淨无二无二分无別无斷故
一切智智清淨故聲香味觸法處清淨聲香
味觸法處清淨故六神通清淨何以故若

一切智智清淨若聲香味觸法處清淨若六
神通清淨无二无二分无別无斷故善現一
切智智清淨故眼界清淨眼界清淨故六
神通清淨何以故若一切智智清淨若眼界
清淨若六神通清淨无二无二分无別无斷
故一切智智清淨故色界眼識界及眼觸眼
觸為緣所生諸受清淨色界乃至眼觸為
緣所生諸受清淨故六神通清淨何以故若
一切智智清淨若色界乃至眼觸為緣所生
諸受清淨若六神通清淨无二无二分无別
无斷故善現一切智智清淨故耳界清淨耳
界清淨故六神通清淨何以故若一切智智
清淨若耳界清淨若六神通清淨无二无二
分无別无斷故一切智智清淨故聲界耳識
界及耳觸耳觸為緣所生諸受清淨聲界乃

尒无别无斷故一切智智清淨故聲界耳識
界及耳觸耳觸爲緣所生諸受清淨聲界乃
至耳觸爲緣所生諸受清淨故六神通清淨
二无二分无别无斷故一切智智清淨故八解
勝處九次第定十遍處清淨八勝處九次第
定十遍處清淨故五眼清淨何以故若一切
智智清淨若八勝處九次第定十遍處清淨
若五眼清淨无二无二分无别无斷故善現
一切智智清淨故四念住清淨四念住清淨
故五眼清淨何以故若一切智智清淨若四
念住清淨若五眼清淨无二无二分无别无
斷故一切智智清淨故四正斷四神足五根
五力七等覺支八聖道支清淨四正斷乃至
八聖道支清淨故五眼清淨何以故若一切

智智清淨若四正斷乃至八聖道支清淨若
五眼清淨无二无二分无別无斷故善現一
切智智清淨故空解脫門清淨空解脫門清
淨故五眼清淨何以故若一切智智清淨若
空解脫門清淨若五眼清淨无二无二分无
別无斷故一切智智清淨故无相无願解脫
門清淨无相无願解脫門清淨故五眼清淨
何以故若一切智智清淨若无相无願解脫
門清淨若五眼清淨无二无二分无別无斷
故善現一切智智清淨故菩薩十地清淨菩
薩十地清淨故五眼清淨何以故若一切智
智清淨若菩薩十地清淨若五眼清淨无二
无二分无別无斷故善現一切智智清淨故
六神通清淨六神通清淨故五眼清淨何以
故若一切智智清淨若六神通清淨若五眼

六神通清淨六神通清淨故五眼清淨何以
故若一切智智清淨若六神通清淨若五眼
清淨无二无二分无別无斷故善現一切智
智清淨故佛十力清淨佛十力清淨故五眼

BD00621 妙法蓮華經卷二

（後秦）鳩摩羅什 譯

103.2cm × 27.7cm

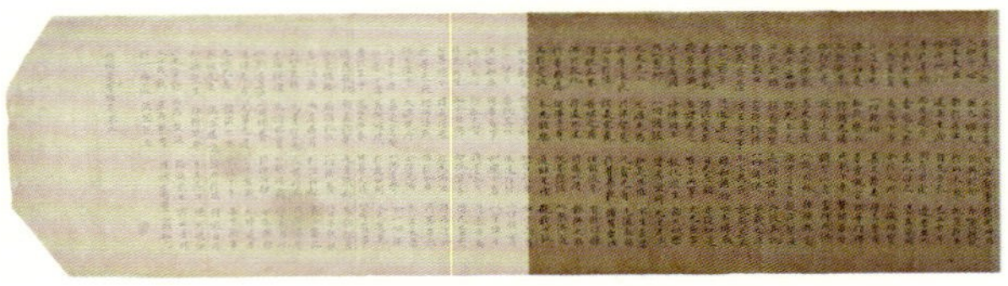

猶處門外　止宿草菴　自念貧事　我无此物
父知子心　漸已曠大　欲與財物　即聚親族
國王大臣　剎利居士　於此大眾　說是我子
捨我他行　經五十歲　自見子來　已二十年
昔於某城　而失是子　周行求索　遂來至此
凡我所有　舍宅人民　悉以付之　恣其所用
子念昔貧　志意下劣　今於父所　大獲珍寶
并及舍宅　一切財物　甚大歡喜　得未曾有
佛亦如是　知我樂小　未曾說言　汝等作佛
而說我等　得諸无漏　成就小乘　聲聞弟子
佛勑我等　說最上道　修習此者　當得成佛
我承佛教　為大菩薩　以諸因緣　種種譬喻
若干言辭　說无上道　諸佛子等　從我聞法
日夜思惟　精勤修習　是時諸佛　即授其記

汝於來世　當得作佛　一切諸佛　秘藏之法
但為菩薩　演其實事　而不為我　說斯真要
如彼窮子　得近其父　雖知諸物　心不悕取
我等雖說　佛法寶藏　自无志願　亦復如是
我等內滅　自謂為足　唯了此事　更无餘事
我等若聞　淨佛國土　教化眾生　都无欣樂
所以者何　一切諸法　皆悉空寂　无生无滅
无大无小　无漏无為　如是思惟　不生喜樂
我等長夜　於佛智慧　无貪无著　无復志願
而自於法　謂是究竟　我等長夜　修習空法
得脫三界　苦惱之患　住最後身　有餘涅槃
佛所教化　得道不虛　則為已得　報佛之恩
我等雖為　諸佛子等　說菩薩法　以求佛道
而於是法　永无願樂　導師見捨　觀我心故

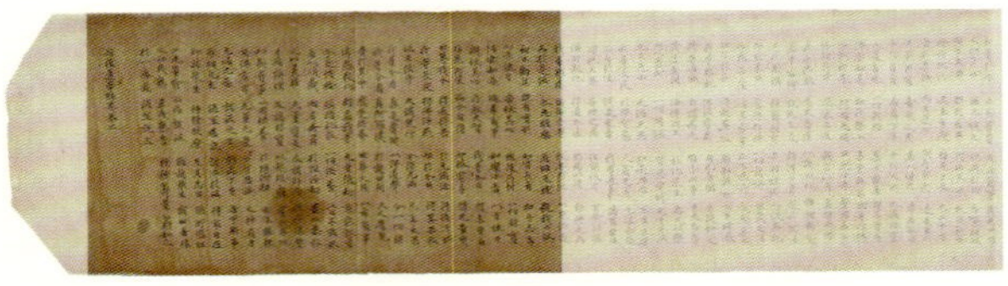

我等雖為 諸佛子等 說菩薩法 以求佛道
而於是法 永无願樂 導師見捨 觀我心故
初不勸進 說有實利 如富長者 知子志劣
以方便力 柔伏其心 然後乃付 一切財寶
佛亦如是 現希有事 知樂小者 以方便力
調伏其心 乃教大智 我等今日 得未曾有
非先所望 而今自得 如彼窮子 得无量寶
世尊我今 得道得果 於无漏法 得清淨眼
我等長夜 持佛淨戒 始於今日 得其果報
法王法中 久修梵行 今得无漏 无上大果
我等今者 真是聲聞 以佛道聲 令一切聞
我等今者 真阿羅漢 於諸世間 天人魔梵
普於其中 應受供養 世尊大恩 以希有事
憐愍教化 利益我等 无量億劫 誰能報者
手足供給 頭頂礼敬 一切供養 皆不能報

若以頂戴 兩肩荷負 於恒沙劫 盡心恭敬
又以美膳 无量寶衣 及諸卧具 種種湯藥
牛頭栴檀 及諸珍寶 以起塔廟 寶衣布地
如斯等事 以用供養 於恒沙劫 亦不能報
諸佛希有 无量无邊 不可思議 大神通力
无漏无為 諸法之王 能為下劣 忍于斯事
取相凡夫 隨宜為說 諸佛於法 得㝡自在
知諸衆生 種種欲樂 及其志力 隨所堪任
以无量喻 而為說法 隨諸衆生 宿世善根
又知成熟 未成熟者 種種籌量 分別知已
於一乘道 隨宜說三

妙法蓮華經卷第二

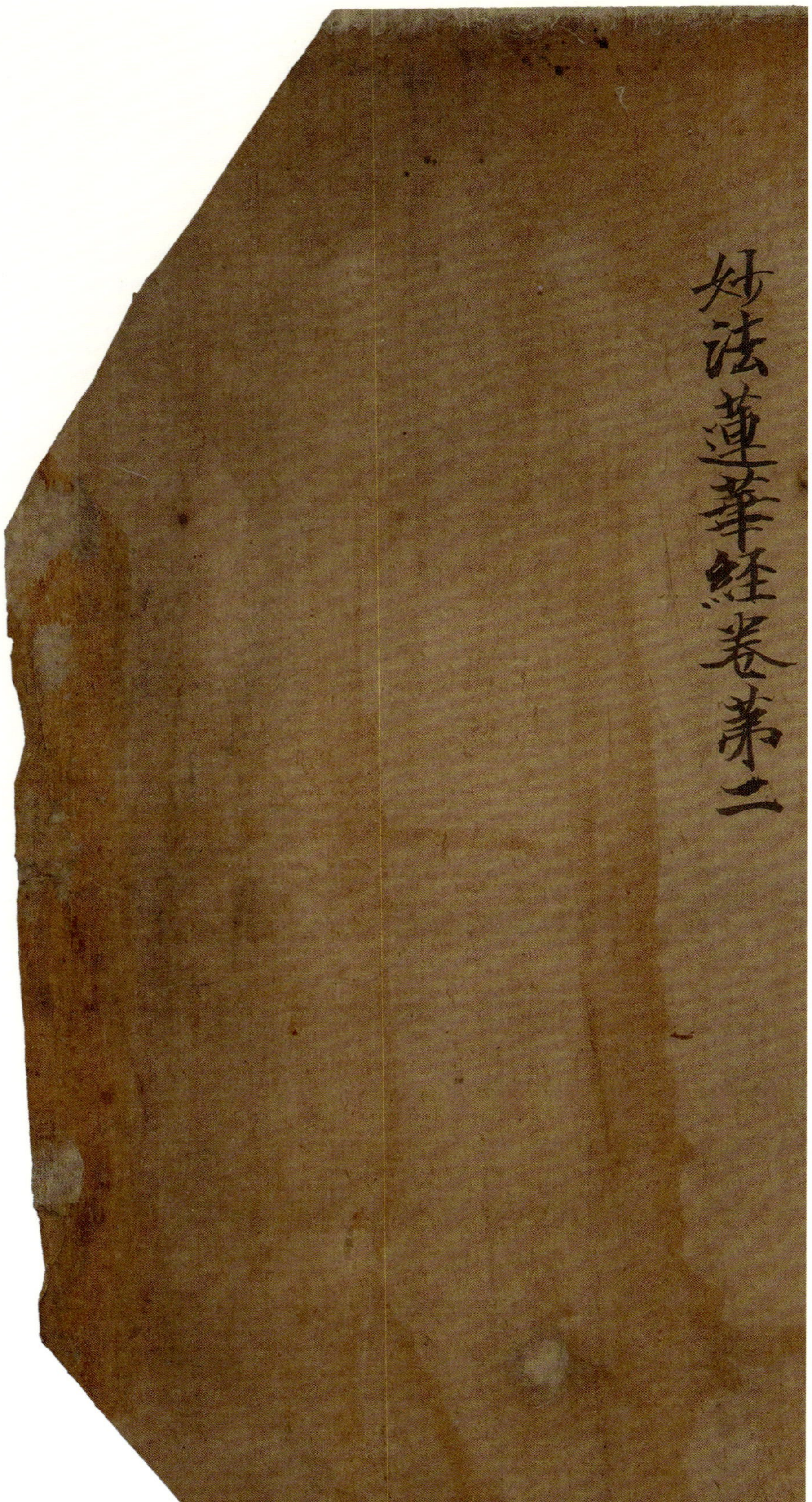

BD00621　妙法蓮華經卷二

BD00622 大般若波羅蜜多經卷五八五

（唐）玄奘 譯

106.8cm × 25.1cm

大般若波羅蜜多經卷第五百八十五

第十二淨戒波羅蜜多分之二　三藏法師玄奘奉　詔譯

時舍利子復告具壽滿慈子言若諸菩薩脩

行淨戒波羅蜜多見有少法名爲作者當知

雖住菩薩乘者中而名棄捨菩薩乘者是爲菩

薩非理作意若是如是非理作意應知名爲
犯戒菩薩時滿慈子便白具壽舍利子言若
諸菩薩不見少法名爲作者是諸菩薩受持
淨戒波羅蜜多无所違犯何法於此菩薩淨
戒波羅蜜多爲益爲損舍利子言无法於此
菩薩淨戒波羅蜜多爲益爲損若見少法於
此淨戒波羅蜜多爲益爲損當知執取菩薩
淨戒若諸菩薩見有少法於此淨戒波羅蜜
多爲益爲損是諸菩薩不能攝受菩薩淨戒
波羅蜜多若諸菩薩不見少法名爲作者是
諸菩薩能正攝受菩薩淨戒波羅蜜多若諸
菩薩受持淨戒迴向趣求一切智智乃名淨
戒波羅蜜多若諸菩薩受持淨戒不能迴求
一切智智應知此戒雖得戒名而非淨戒波
羅蜜多或求二乘世間果故

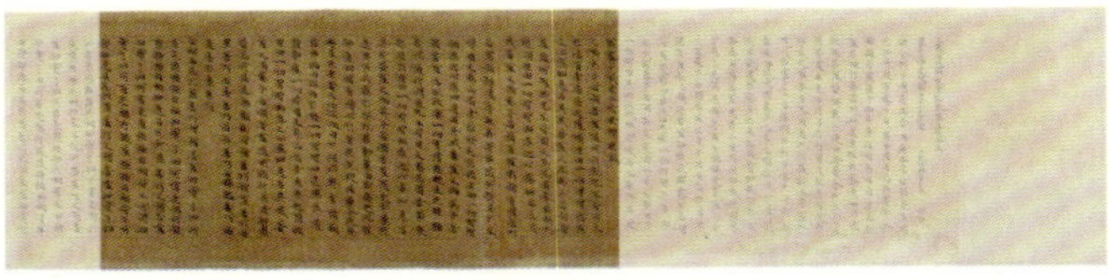

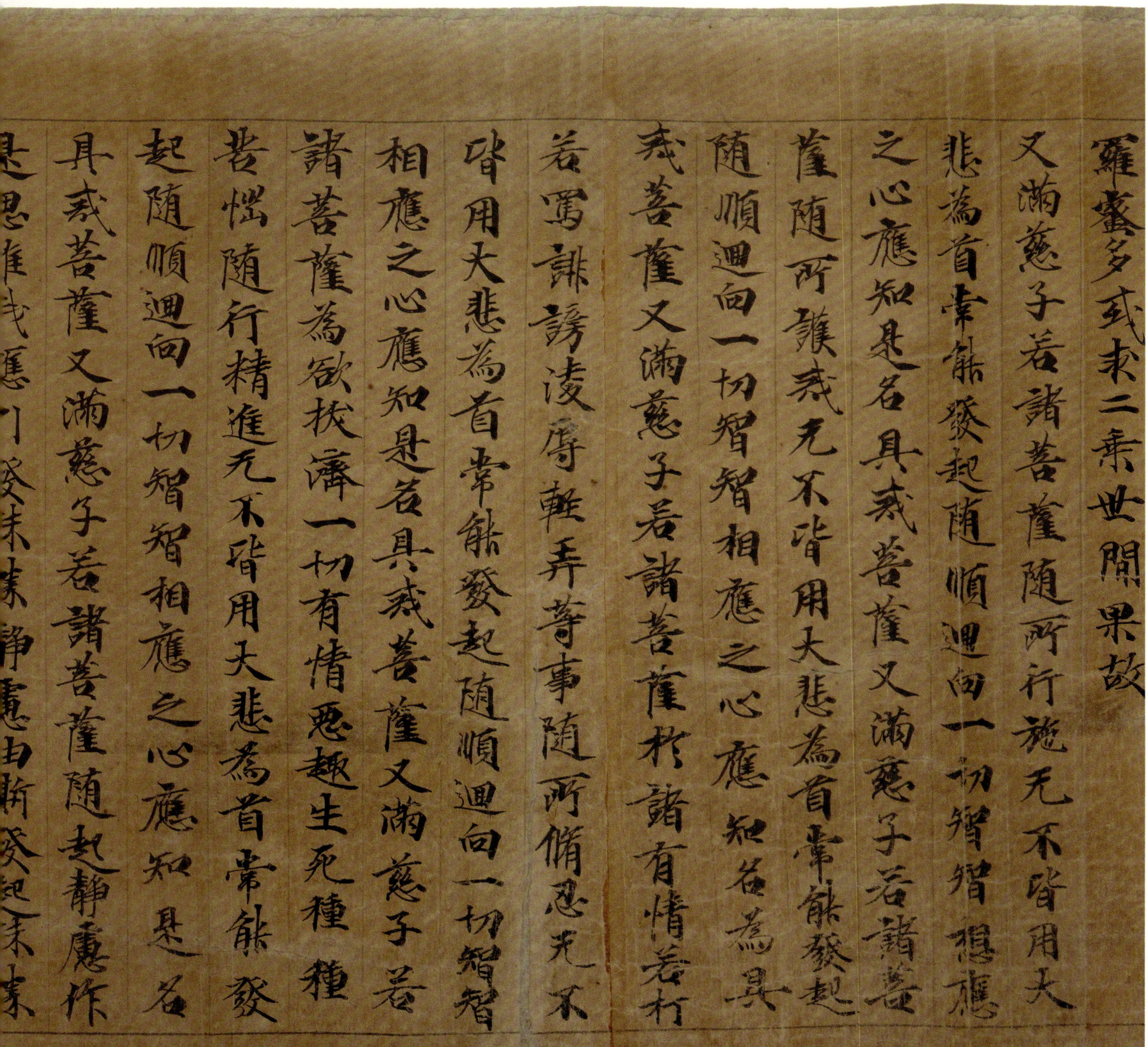

羅蜜多或求二乘世間果故
又滿慈子若諸菩薩隨所行施无不皆用大
悲爲首常能發起隨順迴向一切智智想應
之心應知是名具戒菩薩又滿慈子若諸菩
薩隨所護戒无不皆用大悲爲首常能發起
隨順迴向一切智智相應之心應知名爲具
戒菩薩又滿慈子若諸菩薩於諸有情若打
若罵誹謗淩辱輕弄等事隨所修忍无不
皆用大悲爲首常能發起隨順迴向一切智智
相應之心應知是名具戒菩薩又滿慈子若
諸菩薩爲欲拔濟一切有情惡趣生死種種
苦惱隨行精進无不皆用大悲爲首常能發
起隨順迴向一切智智相應之心應知是名
具戒菩薩又滿慈子若諸菩薩隨起靜慮作
是思惟我應引發未集靜慮由斯發起未集

神通知諸有情心行差別說授法藥令脫惡
趣生死衆苦又爲調伏自身煩惱與有情類
作淨福田堪任引發一切智智如是思惟隨
脩靜慮一切皆用大悲爲首常能發起隨順
迴向一切智智相應之心應知是名具戒菩
薩又滿慈子若諸菩薩隨所脩行甚深妙慧
皆爲於法遠離顛倒得諸善巧謂蘊善巧若
界善巧若處善巧若諦善巧若緣起善巧若
是處非處善巧
云何名爲於蘊善巧謂諸菩薩如實了知所
有色蘊種種自相如實了知所有受想行識
蘊種種自相如是名爲於蘊善巧又諸菩薩
如實了知所有色蘊種種自相皆不可得如
實了知所有受想行識蘊種種自相皆不可
得如是名爲於蘊善巧又諸菩薩如實了知

得如是名為於蘊善巧又諸菩薩如實了知
所有色蘊種種共相如實了知所有受想行
識蘊種種共相如是名為於蘊善巧又諸菩
薩如實了知所有色蘊種種共相皆不可得
如實了知所有受想行識蘊種種共相皆不
可得如是名為於蘊善巧又諸菩薩如實了

BD00623 十二光禮禮懺文等（擬）

234.3cm × 27cm

普為四恩三有法界衆生斷除三鄣歸命懺悔
至心懺悔我於三時求罪性内外中間心實无以无心故
三毒四倒悉皆无懺悔已无心无識礼无為
至心勸請一切諸法自不生已无生故不生不滅性常
住唯願諸仏莫涅槃勸請已无心无識礼无為
至心隨喜法本不貪亦不喜物我不一亦不異同觀
一實悟无生无緣等觀盡隨喜隨喜已无心无識礼无為
至心迴向迷於一實隨名相名相執故我塵生今照我塵
无自性迴向无住涅槃城迴向已无心无識礼无為
至心發願〻諸衆生防六賊悲智〻照現前行不斷不

常理如量非空非有非行行發願已无心无識礼无為
一切恭敬　自歸无為法性身能救衆生无量苦普勸
含靈同悟此无心无識礼无為　自歸无為波若法能
為衆生越苦海普勸含靈同悟此无心无識礼无為
自歸无為法性俻能与衆生作福田普勸含靈同悟此
无心无識礼无為　願諸衆生諸惡莫造諸善奉行
自靜其意順諸仏教和南一切賢聖
一切恭敬　敬礼常住三寶　十二光礼
是諸衆等人各胡跪嚴持香華如法供養願此香華
雲遍滿十方界供養一切仏化仏并真法菩薩聲聞衆受
此香花雲以起光明臺廣於无邊界无邊无量作仏事
供養一切恭敬普誦讚　如来妙色身　世間无与等
无比不思議　是故今敬礼　如来色无盡　智慧亦復然

BD00623　十二光禮禮懺文等（擬）

供養□一切恭敬尊□讚歎　如来妙色身　世間无与等
无比不思議　是故今敬礼　如来色无盡　智慧亦復然
一切法常住　是故我歸依　敬礼常住三寶一　歎仏相好
天上天下无如仏十方世界亦无比世界所有我盡見一切
无有如仏者然今衆等依時焚香行道礼拜所脩功德
上寶四恩下霑三有同出苦原齊登仏果
南无清淨法身毗盧遮那仏　南无圓滿報身盧舍那仏
南方千百億化身釋迦牟尼仏　南无西方極樂世界阿弥陀仏
南无无量光仏　南无无邊光仏　南无无㝵光仏　南无无對光仏
南无光炎王仏　南无清淨光仏　南无歡喜光仏　南无智恵光仏
南无不斷光仏　南无難思光仏　南无无稱光仏　南无超日月光仏
南无盡虛空邊法界微塵剎土中十方三世一切諸仏
南无大悲觀世音菩薩　南无大勢至菩薩　南无妙吉祥菩薩
南无普賢菩薩　南无藥王菩薩　南无藥上菩薩
南无諸菩薩摩訶薩青爭大海衆願共含衆生咸歸命文

我頂礼生彼國 普為梵釋四王龍天八部帝主人王師僧父
母信施擅越及無邊法界衆生斷除三障歸命懺悔
至心懺悔一切業障海皆從妄想生若欲求除滅端坐觀實相
衆罪如霜露慧日能消除是故應至心懃懺六根罪懺悔以至
心歸命礼西方阿弥陁仏 至心發願〻臨命終時見无量受仏
无邊功德身我及与信者已見彼仏〻以願得離垢眼往生安樂
國成无上菩提發願以至心歸命礼西方阿弥陁仏 普誦
處世界 如虛空 如蓮花 不著水 心清淨 超於彼 稽首礼无上尊
說偈發願 願以此功德 普及於一切 我等与衆生 皆共成仏道
一切恭敬 歸依仏 願發菩提心道心恒不退 歸依法藏般若入大揔
持門 歸依僧息争論歸依和合海 願諸衆生諸惡莫造諸
善奉行自淨其意順諸仏教和南一切賢聖
白衆等聽說晨朝清淨偈欲求寂滅樂當學沙門法衣食支
身命精麁隨衆等諸衆共今日晨朝各記六念
第一念仏願作仏身 第二念法願轉法輪 第三念僧願施共行

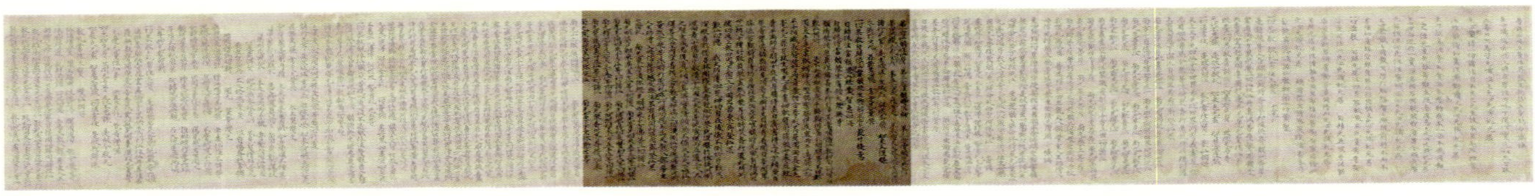

第一念仏願作仏身　第二念法願轉法輪　第三念僧願随共行
第四念戒五戒全具已心不斷　第五念天天根具足　第六念天大般涅槃常得清淨
諸行无常　是生滅法　生滅滅已　寂滅為樂　如来入涅槃
永斷於生死　若能至心聽　常受无量樂
一切恭敬自歸依仏當願衆生體解正覺發菩提意
自歸依法當願衆生深入經藏智恵如海
自歸依僧當願衆生統領大衆一切無导
願諸衆諸惡莫作諸善奉行自淨其意順諸仏教和南一切賢聖
歎仏相好　　足下安平如奩底千輻輪相甚分明踝骨不現䏶
圓直手足柔軟網縵成雙腨緊脨伊尼鹿雨手過膝立能
平十指纖長皆妙好馬音藏相含拳形其身圓滿真金色
毫毛上靡有旋生圓光一尋屬細軟臂肘膞轆七處盈缺
骨平滿師子臆四十齒具身臚傳齒白齊密得上味方頰廣舌
梵音聲宍髻無能見頂者不瞬牛王目紺青眉間白毫相罩
緣慈念觀等非青右旋面在嚴目具足唯願持光照有情佛将

卅二相八十種好歎莫能盡然今衆等依時焚香行道礼拜所
脩功德上報四恩下霑三有同出苦原齊登仏果
歎仏功德　我大師薄伽梵神功自在威儀不側妙力難思
演般若於耆多林開權益者競伽沙衆說涅槃於拔提河側
迴向者八十億百千故得一十六國之大王遂使飡風而五道二十八天
之聖主咸悉復道以傾心真濟實濟傾無不攝天上天下惟仏
獨尊外空內空善權之力難思神濟之功漠側仏功德海難可側
量然今衆等依時行道礼懺所脩功德上爲天龍八部帝主
人王師僧父母信施檀越及無邊法界有情同此勝因齊登仏果
七階礼　南无東方須弥燈光明如来十方佛等一切諸仏
南无毗婆尸如来過去七仏等一切諸仏　南无普光如来五十三仏等一切諸仏
南无善德如来十方仏等一切諸仏　南无俱那提如来賢劫千仏等一切諸仏
南无釋迦牟尼如来三十五仏等一切諸仏　南无阿閦如来一万五千仏等一切諸仏
南无寶集如来廿五仏等一切諸仏　南无衆香世界香積如来
南无極樂世界阿弥陀仏　南无當下下生弥勒世尊

BD00623　十二光禮禮懺文等（擬）

南无擬樂世界阿弥陁仏　南无當下下生弥勒世尊
南无十二願藥師瑠璃光仏　南无虛空功德清淨微塵等目
端政功德相光明華波頭摩瑠璃光寶躰香最上香供養訖種種
莊嚴頂髻无量无邊日月光明願力莊嚴變化莊嚴法界出
生无障导王如来　南无豪相日月光明華寶蓮花堅如金剛
身毗盧遮那无障导眼圓滿十方放光照一切仏剎相王如来
南无過現未来十方三世一切諸仏菩薩為諸衆生斷除三障歸命懺悔
至心懺悔南无仏南无法南无賢聖比丘僧如是等一切世界諸仏世
尊常住在世是諸世尊當慈念我當憶念我當證智我若
我此生若我前生從无始生死已来所作衆罪若自作若交他作見
作隨喜若塔若僧若取四方僧物若自取若教人取見取隨喜或
作五逆无間重罪若自作若教他作見作隨喜十不善道自作教他
見作隨喜所作罪障或有覆藏或無覆藏應墮地獄餓鬼畜
生諸餘惡趣邊地下賤及弥戾車如是等處所作罪障今皆懺悔
今諸仏世尊當證知我當憶念我我復於諸仏世尊前作如是言若

我此生若於餘生曾行布施或守淨戒乃至施與畜生一團之食或修
淨行所有善根求无上智所有善根一切合集計校籌量皆悉迴向
耨多羅三藐三菩提如未來現在諸佛所作迴向我亦如是迴向
衆罪皆懺悔　諸福盡隨喜　及淨仏功德　願成无上智　於衆生最勝
无量功德海　歸依合掌礼　一切普誦　處世界　如虛空　如蓮花
不著水　心清淨　超於彼　稽首礼　无上尊
一切恭敬　皈依仏　願發菩提心　道心恒不退　皈依法　薩般若入大惣
持門　皈依僧　息争論　歸依和合海　願諸衆生諸惡莫造諸善
奉行　自淨其意　順諸仏教　和南一切賢聖
諸衆等聽說黄昏无常偈　此日已過命即減少　當觀此身念
々衰老　一念之間　云何可辨　是故衆等　懃心行道
諸行无常　是生滅法　生滅々以　寂滅為樂　如来入涅槃　永斷於生死
若能至心聽　常受无量樂　　太上皇讚文
今身菓是前身種　未来菓是今身修　今身閑裡不種菓
園中菓熟甚難求　急々修道莫悠々　園中菓熟豈堪収

BD00623　十二光禮禮懺文等（擬）

今身菓是前身種　未来菓是今身作　今身閑强不種菓
□中菓熟定難求　急急修道莫悠悠　薗中菓熟豈堪収
□無明花晚發　未及薗滿即逢摧　普勸共同仏性因
□道莫辭貧　縱使無衣被百納　不見貧僧拜貴人
乘車駕駟馬　不久終成一聚塵　但看陽春桃李樹
開能得幾時新　開元　皇帝讚文
朕自從来恒落託　将此閻浮為快樂　年歲棲惶不辭勞
地獄因緣沒頭住　近始迴心自懺悔　不覺愁淚千行落
今時結意學無為　世間万事休貪著　竊見衆生世間人
貔将富貴自榮身　積聚錢財以為寶　誰知練行是其珎
身强不種祇薗菓　阿耨池中誰共親　石火流星飛陽焰
三春柳色暫時新
一切恭敬敬礼常住三寶　是諸衆等人各胡跪嚴持香花如
法供養願此香花雲遍滿十方界供養一切仏化仏并真法菩
薩無數聲聞衆受此香花雲以起光明臺廣於无量界

无邊无量住仏事　供養已訖　梵音讚唄
如来妙色身　世間无与等　无比不思議　是故今敬礼
如来色无盡　智恵亦復然　一切法常住　是故我歸依
敬礼常住三寶　嘆仏相好
仏法僧寶　衆上福田　但使有心　理須回向　然今衆等
依時行道　礼拜念誦　所修功德　上為天龍八部　帝主人王
師僧父母　信施檀越　下及無邊法界有情　同此勝因　一時住仏
敬礼維衛仏盡虚空法界无量諸仏　敬礼式仏盡虚空法界无量諸仏
敬礼随葉仏盡虚空法界无量諸仏　敬礼拘留秦仏盡虚空法无量諸仏
敬礼拘那含牟尼仏盡虚空无量諸仏　敬礼迦葉仏盡虚空法界无量仏

BD00624

妙法蓮華經卷五

（後秦）鳩摩羅什 譯

1005.8cm × 26.2cm

尼揵子等
及路伽耶陀逆路
有凶戲相扠相撲及那
不親近旃陀羅及畜
惡律儀如是人等或
悕望又不親近求聲
優婆夷亦不問訊若
講堂中不共住止或時來
悕求文殊師利又菩薩摩訶
身取能生欲想相而為說法亦不樂見若入
他家不與小女處女寡女等共語亦復不近
五種不男之人以為親厚不獨入他家若有
因緣須獨入時但一心念佛若為女人說法
不露齒笑不現胸臆乃至為法猶不親厚況

復餘事不樂畜年少弟子沙彌小兒亦不樂
與同師常好坐禪在於閑處脩攝其心文殊
師利是名初親近處復次菩薩摩訶薩觀一
切法空如實相不顛倒不動不退不轉如虛
空无所有性一切語言道斷不生不出不起
无名无相實无所有无量无邊无礙无障但
以因緣有從顛倒生故說常樂觀如是法相
是名菩薩摩訶薩第二親近處尒時世尊欲
重宣此義而說偈言
若有菩薩 於後惡世 无怖畏心 欲說是經
應入行處 及親近處 常離國王 及國王子
大臣官長 凶險戲者 及栴陁羅 外道梵志
亦不親近 增上慢人 貪著小乘 三藏學者
破戒比丘 名字羅漢 及比丘尼 好戲笑者
深著五欲 求現滅度 諸優婆夷 皆勿親近

破戒比丘 名字羅漢 及比丘尼 好戲笑者
深著五欲 求現滅度 諸優婆夷 皆勿親近
若是人等 以好心來 到菩薩所 為聞佛道
菩薩則以 无所畏心 不懷悕望 而為說法
寡女處女 及諸不男 皆勿親近 以為親厚
亦莫親近 屠兒魁膾 田獵魚捕 為利殺害
販肉自活 衒賣女色 如是之人 皆勿親近
凶險相撲 種種嬉戲 諸婬女等 盡勿親近
莫獨屏處 為女說法 若說法時 无得戲笑
入里乞食 將一比丘 若无比丘 一心念佛
是則名為 行處近處 以此二處 能安樂說
又復不行 上中下法 有為无為 實不實法
亦不分別 是男是女 不得諸法 不知不見
是則名為 菩薩行處 一切諸法 空无所有
无有常住 亦无起滅 是名智者 所親近處
顛倒分別 諸法有无 是實非實 是生非生

在於閑處　修攝其心　安住不動　如須彌山
觀一切法　皆无所有　猶如虛空　无有堅固
不生不出　不動不退　常住一相　是名近處
若有比丘　於我滅後　入是行處　及親近處
說斯經時　无有怯弱　菩薩有時　入於靜室
以正憶念　隨義觀法　從禪定起　為諸國王
王子臣民　婆羅門等　開化演暢　說斯經典
其心安隱　无有怯弱　文殊師利　是名菩薩
安住初法　能於後世　說法華經
又文殊師利如來滅後於末法中欲說是經
應住安樂行若口宣說若讀經時不樂說人
及經典過亦不輕慢諸餘法師不說他人好
惡長短於聲聞人亦不稱名說其過惡亦不
稱名讚歎其美又亦不生怨嫌之心善脩如
是安樂心故諸有聽者不逆其意有所難問

是安樂心故諸有聽者不逆其意有所難問
不以小乘法荅但以大乘而為解說令得一
切種智尒時世尊欲重宣此義而說偈言
菩薩常樂　安隱說法　於清淨地　而施床座
以油塗身　澡浴塵穢　著新淨衣　內外俱淨
安處法座　隨問為說　若有比丘　及比丘尼
諸優婆塞　及優婆夷　國王王子　群臣士民
以微妙義　和顏為說　若有難問　隨義而荅
因緣譬喻　敷演分別　以是方便　皆使發心
漸漸增益　入於佛道　除嬾墯意　及懈怠想
離諸憂惱　慈心說法　晝夜常說　无上道教
以諸因緣　无量譬喻　開示衆生　咸令歡喜
衣服卧具　飲食醫藥　而於其中　无所悕望
但一心念　說法因緣　願成佛道　令衆亦尒
是則大利　安樂供養　我滅度後　若有比丘

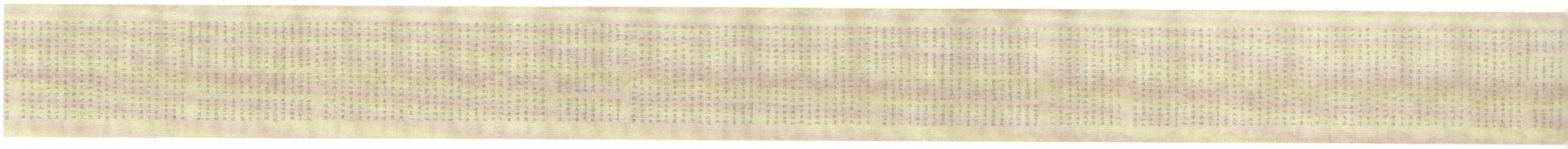

能演說斯　妙法華經　心无嫉恚　諸惱障礙
亦无憂愁　及罵詈者　又无怖畏　加刀杖等
亦无擯出　安住忍故　智者如是　善脩其心
能住安樂　如我上說　其人功德　千万億劫
筭數譬喻　說不能盡
又文殊師利菩薩摩訶薩於後末世法欲滅
時受持讀誦斯經典者无懷嫉妬諂誑之心
亦勿輕罵學佛道者求其長短若比丘比丘
尼優婆塞優婆夷求聲聞者求辟支佛者求
菩薩道者无得惱之令其疑悔語其人言汝
等去道甚遠終不能得一切種智所以者何
汝是放逸之人於道懈怠故又亦不應戲論
諸法有所諍競當於一切衆生起大悲想於
諸如來起慈父想於諸菩薩起大師想於十
方諸大菩薩常應深心恭敬禮拜於一切衆
生平等說法以順法故不多不少乃至深愛

諸如來起慈父想於諸菩薩起大師想於十
方諸大菩薩常應深心恭敬礼拜於一切衆
生平等說法以順法故不多不少乃至深愛
法者亦不為多說文殊師利是菩薩摩訶薩
於後末世法欲滅時有成就是弟三安樂行
者說是法時无能惱亂得好同學共讀誦是
經亦得大衆而來聽受聽已能持持已能誦
誦已能說說已能書若使人書供養經卷恭
敬尊重讚歎尒時世尊欲重宣此義而說偈
言
若欲說是經　當捨嫉恚慢　諂誑邪偽心　常脩質直行
不輕蔑於人　亦不戲論法　不令他疑悔　云汝不得佛
是佛子說法　常柔和能忍　慈悲於一切　不生懈怠心
十方大菩薩　愍衆故行道　應生恭敬心　是則我大師
於諸佛世尊　生无上父想　破於憍慢心　說法无障礙
弟三法如是　智者應守護　一心安樂行　无量衆所敬

又文殊師利菩薩摩訶薩於後末世法欲滅
時有持法華經者於在家出家人中生大慈
心於非菩薩人中生大悲心應作是念如是
之人則為大失如來方便隨宜說法不聞不
知不覺不問不信不解其人雖不問不信不
解是經我得阿耨多羅三藐三菩提時隨在
何地以神通力智慧力引之令得住是法中
文殊師利是菩薩摩訶薩於如來滅後有成
就此第四法者說是法時無有過失常為比
丘比丘尼優婆塞優婆夷國王王子大臣人
民婆羅門居士等供養恭敬尊重讚歎虛空
諸天為聽法故亦常隨侍若在聚落城邑空
閑林中有人來欲難問者諸天晝夜常為法
故而衛護之能令聽者皆得歡喜所以者何
此經是一切過去未來現在諸佛神力所護

[illegible]
此經是一切過去未來現在諸佛神力所護
故文殊師利是法華經於无量國中乃至名
字不可得聞何況得見受持讀誦文殊師利
譬如强力轉輪聖王欲以威勢降伏諸國而
諸小王不順其命時轉輪王起種種兵而往
討伐王見兵衆戰有功者即大歡喜隨功賞
賜或與田宅聚落城邑或與衣服嚴身之具
或與種種珍寶金銀琉璃車𤦲馬瑙珊瑚虎
珀象馬車乘奴婢人民唯髻中明珠不以與
之所以者何獨王頂上有此一珠若以與之
王諸眷屬必大驚怪文殊師利如來亦復如
是以禪定智慧力得法國土王於三界而諸
魔王不肯順伏如來賢聖諸將與之共戰其
有功者心亦歡喜於四衆中為說諸經令其
心悅賜以禪定解脫无漏根力諸法之財又

復賜與涅槃之城言得滅度引導其心令皆
歡喜而不為說是法華經文殊師利如轉輪
王見諸兵衆有大功者心甚歡喜以此難信
之珠久在髻中不妄與人而今與之如来亦
復如是於三界中為大法王以法教化一切
衆生見賢聖軍與五陰魔煩惱魔死魔共戰
有大功勳滅三毒出三界破魔網尒時如来
亦大歡喜此法華經能令衆生至一切智一
切世間多恐難信先所未說而今說之文殊
師利此法華經是諸如来第一之說於諸說
中冣為甚深末後賜與如彼強力之王久護
明珠今乃與之文殊師利此法華經諸佛如
来秘密之藏於諸經中冣在其上長夜守護
不妄宣說始於今日乃與汝等而敷演之尒
時世尊欲重宣此義而說偈言

不妄宣說始於今日乃與汝等而敷演之
時世尊欲重宣此義而說偈言
常行忍辱　哀愍一切　乃能演說　佛所讚經
後末世時　持此經者　於家出家　及非菩薩
應生慈悲　斯等不聞　不信是經　則為大失
我得佛道　以諸方便　為說此法　令住其中
譬如強力　轉輪之王　兵戰有功　賞賜諸物
象馬車乘　嚴身之具　及諸田宅　聚落城邑
或與衣服　種種珍寶　奴婢財物　歡喜賜與
如有勇健　能為難事　王解髻中　明珠賜之
如來亦尒　為諸法王　忍辱大力　智慧寶藏
以大慈悲　如法化世　見一切人　受諸苦惱
欲求解脫　與諸魔戰　為是眾生　說種種法
以大方便　說此諸經　既知眾生　得其力已
末後乃為　說是法華　如王解髻　明珠與之
此經為尊　眾經中上　我常守護　不妄開示

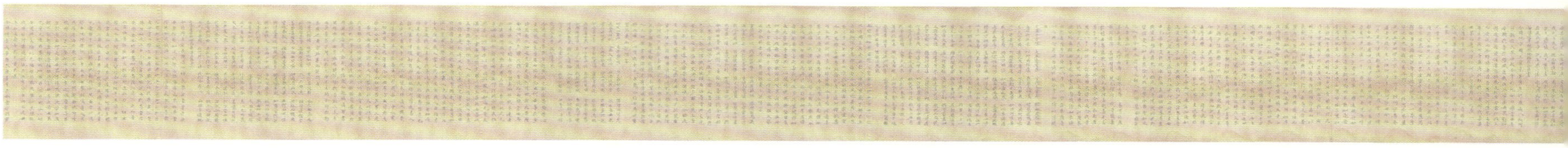

今正是時　爲汝等說　我滅度後　求佛道者
欲得安隱　演說斯經　應當親近　如是四法
讀是經者　常无憂惱　又无病痛　顏色鮮白
不生貧窮　卑賤醜陋　衆生樂見　如慕賢聖
天諸童子　以爲給使　刀杖不加　毒不能害
若人惡罵　口則閉塞　遊行无畏　如師子王
智慧光明　如日之照　若於夢中　但見妙事
見諸如來　坐師子座　諸比丘衆　圍繞說法
又見龍神　阿脩羅等　數如恒沙　恭敬合掌
自見其身　而爲說法　又見諸佛　身相金色
放无量光　照於一切　以梵音聲　演說諸法
佛爲四衆　說无上法　見身處中　合掌讚佛
聞法歡喜　而爲供養　得陁羅尼　證不退智
佛知其心　深入佛道　即爲授記　成最正覺
汝善男子　當於來世　得无量智　佛之大道

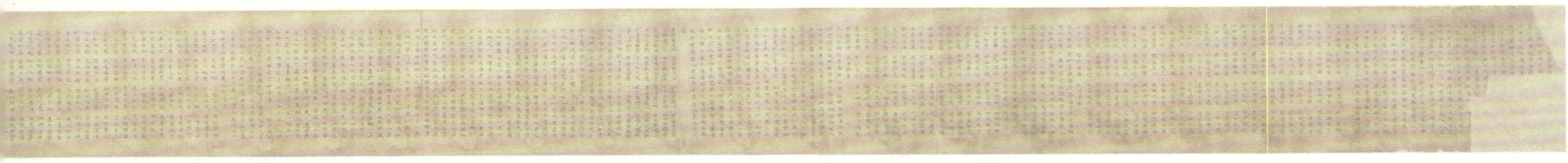

汝善男子 當於來世 得无量智 佛之大道
國土嚴淨 廣大无比 亦有四衆 合掌聽法
又見自身 在山林中 脩習善法 證諸實相
深入禪定 見十方佛
諸佛身金色 百福相莊嚴 聞法為人說 常有是好夢
又夢作國王 捨宮殿眷屬 及上妙五欲 行詣於道場
在菩提樹下 而處師子座 求道過七日 得諸佛之智
成无上道已 起而轉法輪 為四衆說法 經千万億劫
說无漏妙法 度无量衆生 後當入涅槃 如烟盡燈滅
若後惡世中 說是第一法 是人得大利 如上諸功德

妙法蓮華經從地踊出品第十五

尒時他方國土諸來菩薩摩訶薩過八恒河沙數於大衆中起合掌作礼而白佛言世尊若聽我等於佛滅度後在此娑婆世界勤加精進護持讀誦書寫供養是經典者當於此土而廣說之尒時佛告諸菩薩摩訶薩衆止善

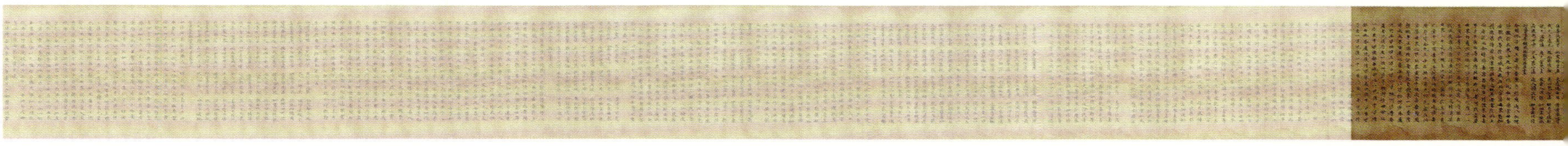

男子不須汝等護持此經所以者何我娑婆
世界自有六万恒河沙等菩薩摩訶薩一一
菩薩各有六万恒河沙眷屬是諸人等能於
我滅後護持讀誦廣說此經佛說是時娑婆
世界三千大千國土地皆震裂而於其中有
无量千万億菩薩摩訶薩同時踊出是諸菩
薩身皆金色三十二相无量光明先盡在此
娑婆世界之下此界虛空中住是諸菩薩聞
釋迦牟尼佛所說音聲從下發来一一菩薩
皆是大衆唱道之首各將六万恒河沙眷屬
況將五万四万三万二万一万恒河沙等眷
屬者況復乃至一恒河沙半恒河沙四分之
一乃至千万億那由他分之一況復千万億
那由他眷屬況復億万眷屬況復千万百万
乃至一万況復一千一百乃至一十況復將

乃至一万況復一千一百乃至一十況復將
五四三二一弟子者況復單己樂遠離行如
是等比无量无邊筭數辟喻所不能知是諸
菩薩從地出已各詣虛空七寶妙塔多寶如
來釋迦牟尼佛所到已向二世尊頭面礼足
乃至諸寶樹下師子座上佛所亦皆作礼右
繞三帀合掌恭敬以諸菩薩種種讚法而以
讚歎住在一面欣樂瞻仰於二世尊是諸菩
薩摩訶薩從初踊出以諸菩薩種種讚法而
讚於佛如是時間經五十小劫是時釋迦牟
尼佛嘿然而坐及諸四衆亦皆嘿然五十小
劫佛神力故令諸大衆謂如半日尒時四衆
亦以佛神力故見諸菩薩遍滿无量百千万
億國土虛空是菩薩衆中有四導師一名上
行二名无邊行三名淨行四名安立行是四

菩薩於其衆中最爲上首唱導之師在大衆
前各共合掌觀釋迦牟尼佛而問訊言世尊
少病少惱安樂行不所應度者受教易不不
令世尊生疲勞耶尒時四大菩薩而說偈言
世尊安樂　少病少惱　教化衆生　得无疲倦
又諸衆生　受化易不　不令世尊　生疲勞耶
尒時世尊於菩薩大衆中而作是言如是如
是諸善男子如来安樂少病少惱諸衆生等
易可化度无有疲勞所以者何是諸衆生世
世已来常受我化亦於過去諸佛供養尊重
種諸善根此諸衆生始見我身聞我所說即
皆信受入如来慧除先脩習學小乘者如是
之人我今亦令得聞是經入於佛慧尒時諸
大菩薩而說偈言
善哉善哉　大雄世尊　諸衆生等　易可化度
能問諸佛　甚深智慧　聞已信行　我等隨喜

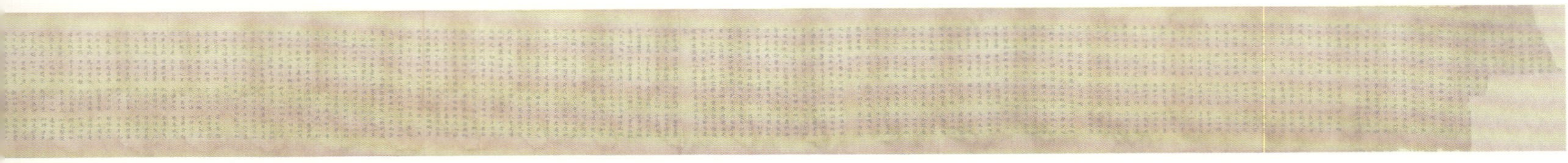

大菩薩而説偈言
善哉善哉　大雄世尊　諸衆生等　易可化度
能問諸佛　甚深智慧　聞已信行　我等隨喜
於時世尊讚歎上首諸大菩薩善哉善哉善
男子汝等能於如来發隨喜心尒時弥勒菩
薩及八千恒河沙諸菩薩衆皆作是念我等
從昔已来不見不聞如是大菩薩摩訶薩衆
從地踊出住世尊前合掌供養問訊如来時
弥勒菩薩摩訶薩知八千恒河沙諸菩薩等
心之所念并欲自決所疑合掌向佛以偈問
曰
无量千万億　大衆諸菩薩　昔所未曽見　願兩足尊説
是從何所来　以何因緣集　巨身大神通　智慧叵思議
其志念堅固　有大忍辱力　衆生所樂見　為從何所来
一一諸菩薩　所將諸眷屬　其數无有量　如恒河沙等
或有大菩薩　將六万恒沙　如是諸大衆　一心求佛道

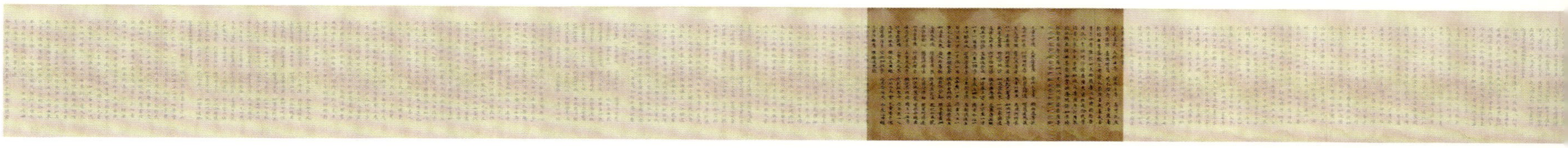

是諸大師等　六万恒河沙　俱来供養佛　及護持此經
將五万恒沙　其數過於是　四万及三万　二万至一万
一千一百等　乃至一恒沙　半及三四分　億万分之一
千万那由他　万億諸弟子　乃至於半億　其數復過上
百万至一万　一千及一百　五十與一十　乃至三二一
單己无眷者　樂於獨處者　俱来至佛所　其數轉過上
如是諸大衆　若人行籌數　過於恒沙劫　猶不能盡知
是諸大威德　精進菩薩衆　誰為其說法　教化而成就
從誰初發心　稱揚何佛法　受持行誰經　脩習何佛道
如是諸菩薩　神通大智力　四方地震裂　皆從中踊出
世尊我昔来　未曾見是事　願說其所從　國土之名号
我常遊諸國　未曾見是衆　我於此衆中　乃不識一人
忽然從地出　願說其因緣　今此之大會　无量百千億
是諸菩薩等　皆欲知此事　是諸菩薩衆　本末之因緣
无量德世尊　唯願決衆疑

无量德世尊　唯願決衆疑
尒時釋迦牟尼佛分身諸佛從无量千万億
他方國土來者在於八方諸寶樹下師子座
上結跏趺坐其佛侍者各各見是菩薩大衆
於三千大千世界四方從地踊出住於虛空
各白其佛言世尊此諸无量无邊阿僧祇菩
薩大衆從何所來尒時諸佛各告侍者諸善
男子且待須臾有菩薩摩訶薩名弥勒釋迦
牟尼佛之所授記次後作佛已問斯事佛今
荅之汝等自當因是得聞尒時釋迦牟尼佛
告弥勒菩薩善哉善哉阿逸多乃能問佛如
是大事汝等當共一心披精進發發堅固意
如來今欲顯發宣示諸佛智慧諸佛自在神
通之力諸佛師子奮迅之力諸佛威猛大勢
之力尒時世尊欲重宣此義而說偈言

當精進一心 我欲說此事 勿得有疑悔 佛智叵思議
汝今出信力 住於忍善中 昔所未聞法 今皆當得聞
我今安慰汝 勿得懷疑懼 佛无不實語 智慧不可量
所得第一法 甚深叵分別 如是今當說 汝等一心聽
尒時世尊說此偈已告弥勒菩薩我今於此
大衆宣告汝等阿逸多是諸大菩薩摩訶薩
无量无數阿僧祇從地踊出汝等昔所未見
者我於是娑婆世界得阿耨多羅三藐三菩
提已教化示導是諸菩薩調伏其心令發道
意此諸菩薩皆於是娑婆世界之下此界虛
空中住於諸經典讀誦通利思惟分別正憶
念阿逸多是諸善男子等不樂在衆多有所
說常樂靜處勤行精進未曾休息亦不依止
人天而住常樂深智无有障礙亦常樂於諸
佛之法一心精進求无上慧尒時世尊欲重
宣此義而說偈言

佛之法一心精進求无上慧尒時世尊欲重
宣此義而說偈言
阿逸汝當知　是諸大菩薩　從无數劫來　脩習佛智慧
悉是我所化　令發大道心　此等是我子　依止是世界
常行頭陁事　志樂於靜處　捨大衆憒閙　不樂多所說
如是諸子等　學習我道法　晝夜常精進　爲求佛道故
在娑婆世界　下方空中住　志念力堅固　常勤求智慧
說種種妙法　其心无所畏　我於伽耶城　菩提樹下坐
得成最正覺　轉无上法輪　尒乃教化之　令初發道心
今皆住不退　悉當得成佛　我今說實語　汝等一心信
我從久遠來　教化是等衆
尒時弥勒菩薩摩訶薩及无數諸菩薩等心
生疑惑怪未曾有而作是念云何世尊於少
時間教化如是无量无邊阿僧祇諸大菩薩
令住阿耨多羅三藐三菩提即白佛言世尊

如来為太子時出於釋宮去伽耶城不遠坐
於道場得成阿耨多羅三藐三菩提從是已
来始過四十餘年世尊云何於此少時大作
佛事以佛勢力以佛功德教化如是无量大
菩薩衆當成阿耨多羅三藐三菩提世尊此
大菩薩衆假使有人於千万億劫數不能盡
不得其邊斯等久遠已来於无量无邊諸佛
所殖諸善根成就菩薩道常脩梵行世尊如
此之事世所難信譬如有人色美髮黑年二
十五指百歳人言是我子其百歳人亦指年
少言是我父生育我等是事難信佛亦如是
得道已来其實未久而此大衆諸菩薩等已
於无量千万億劫為佛道故勤行精進善入
出住无量百千万億三昧得大神通久脩梵
行善能次第習諸善法巧於問荅人中之寶
一切世間甚為希有今日世尊方云得佛道

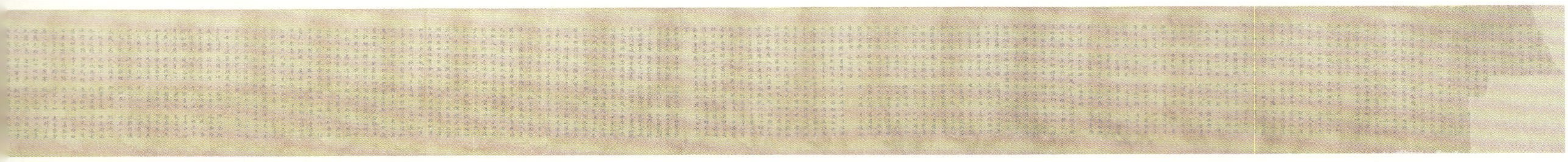

行善能次第習諸善法巧於問答心中之寶
一切世間甚為希有今日世尊方云得佛道
時初令發心教化示導令向阿耨多羅三藐
三菩提世尊得佛未久乃能作此大功德事
我等雖復信佛隨宜所說佛所出言未曾虛
妄佛所知者皆悉通達然諸新發意菩薩於
佛滅後若聞是語或不信受而起破法罪業
因緣唯然世尊願為解說除我等疑及未來
世諸善男子聞此事已亦不生疑尒時弥勒
菩薩欲重宣此義而說偈言

佛昔從釋種　出家近伽耶　坐於菩提樹　尒來尚未久
此諸佛子等　其數不可量　久已行佛道　住神通智力
善學菩薩道　不染世間法　如蓮華在水　從地而踊出
皆起恭敬心　住於世尊前　是事難思議　云何而可信
佛得道甚近　所成就甚多　願為除衆疑　如實分別說

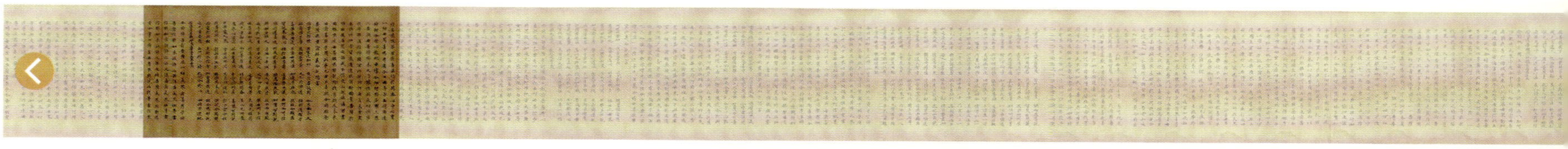

譬如少壯人　年始二十五　示人百歲子　髮白而面皺
是等我所生　子亦說是父　父少而子老　舉世所不信
世尊亦如是　得道來甚近　是諸菩薩等　志固无怯弱
從无量劫來　而行菩薩道　巧於難問荅　其心无所畏
忍辱心決定　端正有威德　十方佛所讚　善能分別說
不樂在人眾　常好在禪定　為求佛道故　於下空中住
我等從佛聞　於此事無疑　願佛為未來　演說令開解
若有於此經　生疑不信者　即當墮惡道　願今為解說
是无量菩薩　云何於少時　教化令發心　而住不退地

妙法蓮華經如來壽量品第十六

尒時佛告諸菩薩及一切大眾諸善男子汝
等當信解如來誠諦之語復告大眾汝等當
信解如來誠諦之語又復告諸大眾汝等當
信解如來誠諦之語是時菩薩大眾弥勒為
首合掌白佛言世尊惟願說之我等當信受

首合掌白佛言世尊唯願說之我等當信受
佛語如是三白已復言唯願說之我等當信
受佛語尒時世尊知諸菩薩三請不止而告
之言汝等諦聽如來秘密神通之力一切世
間天人及阿脩羅皆謂今釋迦牟尼佛出釋
氏宮去伽耶城不遠坐於道場得阿耨多羅
三藐三菩提然善男子我實成佛已來无量
无邊百千万億那由他劫譬如五百千万億
那由他阿僧祇三千大千世界假使有人末
為微塵過於東方五百千万億那由他阿僧
祇國乃下一塵如是東行盡是微塵諸善男
子於意云何是諸世界可得思惟挍計知其
數不弥勒菩薩等俱白佛言世尊是諸世界
无量无邊非筭數所知亦非心力所及一切
聲聞辟支佛以无漏智不能思惟知其限數

我等住阿惟越致地於是事中亦所不達
尊如是諸世界无量无邊
尒時佛告大菩薩衆諸善男子今當分明宣
語汝等是諸世界若著微塵及不著者盡以
為塵一塵一劫我成佛已來復過於此百千
万億那由他阿僧祇劫自從是來我常在此
娑婆世界說法教化亦於餘處百千万億那
由他阿僧祇國道利衆生諸善男子於是中
間我說然燈佛等又復言其入於涅槃如是
皆以方便分别諸善男子若有衆生來至我
所我以佛眼觀其信等諸根利鈍隨所應度
處處自說名字不同年紀大小亦復現言當
入涅槃又以種種方便說微妙法能令衆生
發歡喜心諸善男子如來見諸衆生樂於小
法德薄垢重者為是人說我少出家得阿耨

法德薄垢重者為是人說我少出家得阿耨
多羅三藐三菩提然我實成佛已來久遠若
斯但以方便教化眾生令入佛道作如是說
諸善男子如來所演經典皆為度脫眾生或
說己身或說他身或示己身或示他身或示
己事或示他事諸所言說皆實不虛所以者
何如來如實知見三界之相无有生死若退
若出亦无在世及滅度者非實非虛非如非
異不如三界見於三界如斯之事如來明見
无有錯謬以諸眾生有種種性種種欲種種
行種種憶想分別故欲令生諸善根以若干
因緣譬喻言辭種種說法所作佛事未曾暫
廢如是我成佛已來甚大久遠壽命无量阿
僧祇劫常住不滅諸善男子我本行菩薩道
所成壽命今猶未盡復倍上數然今非實滅

度而使唱言當取滅度如来以是方便教化
衆生所以者何若佛久住於世薄德之人不
種善根貧窮下賤貪著五欲入於憶想妄見
網中若見如来常在不滅便起憍恣而懷猒
怠不能生難遭之想恭敬之心是故如来以
方便說比丘當知諸佛出世難可值遇所以
者何諸薄德人過无量百千万億劫或有見
佛或不見者以此事故我作是言諸比丘如
来難可得見斯衆生等聞如是語必當生於
難遭之想心懷戀慕渴仰於佛便種善根是
故如来雖不實滅而言滅度又善男子諸佛
如来法皆如是為度衆生皆實不虛譬如良
醫智慧聰達明練方藥善治衆病其人多諸
子息若十二十乃至百數以有事緣遠至餘
國諸子於後飲他毒藥藥發悶亂宛轉于地

國諸子於後飲他毒藥藥發悶亂宛轉于地
是時其父還來歸家諸子飲毒或失本心或
不失者遙見其父皆大歡喜拜跪問訊善安
隱歸我等愚癡誤服毒藥願見救療更賜壽
命父見子等苦惱如是依諸經方求好藥草
色香美味皆悉具足擣篩和合與子令服而
作是言此大良藥色香美味皆悉具足汝等
可服速除苦惱无復衆患其諸子中不失心
者見此良藥色香俱好即便服之病盡除愈
餘失心者見其父來雖亦歡喜問訊求索治
病然與其藥而不肯服所以者何毒氣深入
失本心故於此好色香藥而謂不美父作是
念此子可愍為毒所中心皆顛倒雖見我喜
求索救療如是好藥而不肯服我今當設方
便令服此藥即作是言汝等當知我今衰老

死時已至是好良藥今留在此汝可取服勿
憂不差作是教已復至他國遣使還告汝父
已死是時諸子聞父背喪心大憂惱而作是
念若父在者慈愍我等能見救護今者捨我
遠喪他國自惟孤露无復恃怙常懷悲感心
遂醒悟乃知此藥色味香美即取服之毒病皆
愈其父聞子悉已得差尋便來歸咸使見之
諸善男子於意云何頗有人能說此良醫虛
妄罪不不也世尊佛言我亦如是成佛已來
无量无邊百千万億那由他阿僧祇劫為衆
生故以方便力言當滅度亦无有能如法說
我虛妄過者尒時世尊欲重宣此義而說偈
言
自我得佛來　所經諸劫數　无量百千万　億載阿僧祇
常說法教化　无數億衆生　令入於佛道　尒來无量劫

常說法教化　无數億眾生　令入於佛道　尒來无量劫
為度眾生故　方便現涅槃　而實不滅度　常住此說法
我常住於此　以諸神通力　令顛倒眾生　雖近而不見
眾見我滅度　廣供養舍利　咸皆懷戀慕　而生渴仰心
眾生既信伏　質直意柔軟　一心欲見佛　不自惜身命
時我及眾僧　俱出靈鷲山　我時語眾生　常在此不滅
以方便力故　現有滅不滅　餘國有眾生　恭敬信樂者
我復於彼中　為說无上法　汝等不聞此　但謂我滅度
我見諸眾生　沒在於苦惱　故不為現身　令其生渴仰
因其心戀慕　乃出為說法　神通力如是　於阿僧祇劫
常在靈鷲山　及餘諸住處　眾生見劫盡　大火所燒時
我此土安隱　天人常充滿　園林諸堂閣　種種寶莊嚴
寶樹多華菓　眾生所遊樂　諸天擊天鼓　常作眾妓樂
雨曼陀羅華　散佛及大眾　我淨土不毀　而眾見燒盡
憂怖諸苦惱　如是悉充滿　是諸罪眾生　以惡業因緣

過阿僧祇劫　不聞三寶名　諸有脩功德　柔和質直者
則皆見我身　在此而說法　或時為此眾　說佛壽无量
久乃見佛者　為說佛難值　我智力如是　慧光照无量
壽命无數劫　久脩業所得　汝等有智者　勿於此生疑
當斷令永盡　佛語實不虛　如醫善方便　為治狂子故
實在而言死　无能說虛妄　我亦為世父　救諸苦患者
為凡夫顛倒　實在而言滅　以常見我故　而生憍恣心
放逸著五欲　墮於惡道中　我常知眾生　行道不行道
隨應所可度　為說種種法　每自作是意　以何令眾生
得入无上道　速成就佛身

妙法蓮華經分別功德品第十七

尒時大會聞佛說壽命劫數長遠如是无量
无邊阿僧祇眾生得大饒益於時世尊告弥
勒菩薩摩訶薩阿逸多我說是如來壽命長
遠時六百八十万億那由他恒河沙眾生得

勒菩薩摩訶薩阿逸多我說是如來壽命長
遠時六百八十万億那由他恒河沙衆生得
无生法忍復千倍菩薩摩訶薩得聞持陁羅
尼門復有一世界微塵數菩薩摩訶薩得樂
說无礙辯才復有一世界微塵數菩薩摩訶
薩得百万億无量旋陁羅尼復有三千大千
世界微塵數菩薩摩訶薩能轉不退法輪復
有二千中國土微塵數菩薩摩訶薩能轉清
淨法輪復有小千國土微塵數菩薩摩訶薩
八生當得阿耨多羅三藐三菩提復有四四
天下微塵數菩薩摩訶薩四生當得阿耨多
羅三藐三菩提復有三四天下微塵數菩薩
摩訶薩三生當得阿耨多羅三藐三菩提復
有二四天下微塵數菩薩摩訶薩二生當得
阿耨多羅三藐三菩提復有一四天下微塵
數菩薩摩訶薩一生當得阿耨多羅三藐三

菩提復有八世界微塵數衆生皆發阿耨多
羅三藐三菩提心佛說是諸菩薩摩訶薩得
大法利時於虛空中雨曼陁羅華摩訶曼陁
羅華以散无量百千万億寶樹下師子座上
諸佛并散七寶塔中師子座上釋迦牟尼佛
及久滅度多寶如来亦散一切諸大菩薩及
四部衆又雨細末栴檀沉水香等於虛空中
天鼓自鳴妙聲深遠又雨千種天衣垂諸瓔
珞真珠瓔珞摩尼珠瓔珞如意珠瓔珞遍於
九方衆寶香爐燒无價香自然周至供養大
會一一佛上有諸菩薩執持幡蓋次第而上
至於梵天是諸菩薩以妙音聲歌无量頌讚
歎諸佛尒時弥勒菩薩從座而起偏袒右肩
合掌向佛而說偈言

佛說希有法　昔所未曾聞　世尊有大力　壽命不可量

BD00624　妙法蓮華經卷五

佛說希有法　昔所未曾聞　世尊有大力　壽命不可量
无數諸佛子　聞世尊分別　說得法利時　歡喜充遍身
或住不退地　或得陀羅尼　或无礙樂說　万億旋揔持
或有大千界　微塵數菩薩　各各皆能轉　不退之法輪
或有中千界　微塵數菩薩　各各皆能轉　清淨之法輪
復有小千界　微塵數菩薩　餘各八生在　當得成佛道
復有四三二　如是四天下　微塵諸菩薩　隨數生成佛
或一四天下　微塵數菩薩　餘有一生在　當成一切智
如是等衆生　聞佛壽長遠　得无量无漏　清淨之果報
復有八世界　微塵數衆生　聞佛說壽命　皆發无上心
世尊說无量　不可思議法　多有所饒益　如虛空无邊
雨天曼陀羅　摩訶曼陀羅　釋梵如恒沙　无數佛土來
雨栴檀沉香　繽紛而亂墜　如鳥飛空下　供散於諸佛
天鼓虛空中　自然出妙聲　天衣千万種　旋轉而來下
衆寶妙香爐　燒无價之香　自然悉周遍　供養諸世尊

其大菩薩衆　執七寶幡蓋　高妙万億種　次第至梵天
一一諸佛前　寶幢懸勝幡　亦以千万偈　歌詠諸如来
如是種種事　昔所未曾有　聞佛壽无量　一切皆歡喜
佛名聞十方　廣饒益衆生　一切具善根　以助无上心
尒時佛告弥勒菩薩摩訶薩阿逸多其有衆生聞佛壽命長遠如是乃至能生一念信解所得功德无有限量若有善男子善女人為阿耨多羅三藐三菩提故於八十万億那由他劫行五波羅蜜檀波羅蜜尸羅波羅蜜羼提波羅蜜毗梨耶波羅蜜禪波羅蜜除般若波羅蜜以是功德比前功德百分千分百千万億分不及其一乃至筭數譬喻不不能知若善男子有如是功德於阿耨多羅三藐三菩提退者无有是處尒時世尊欲重宣此義而說偈言

義而說偈言
若人求佛慧　於八十万億　那由他劫數　行五波羅蜜
於是諸劫中　布施供養佛　及緣覺弟子　并諸菩薩衆
珎異之飲食　上服與卧具　栴檀立精舍　以園林莊嚴
如是等布施　種種皆微妙　盡此諸劫數　以迴向佛道
若復持禁戒　清淨无缺漏　求於无上道　諸佛之所歎
若復行忍辱　住於調柔地　設衆惡来加　其心不傾動
諸有得法者　懷於增上慢　為此所輕惱　如是亦能忍
若復勤精進　志念常堅固　於无量億劫　一心不懈息
又於无數劫　住於空閑處　若坐若經行　除睡常攝心
以是因緣故　能生諸禪定　八十億万劫　安住心不亂
持此一心福　願求无上道　我得一切智　盡諸禪定際
是人於百千　万億劫數中　行此諸功德　如上之所說
有善男子等　聞我說壽命　乃至一念信　其福過於彼
若人悉无有　一切諸疑悔　深心須臾信　其福為如此

其有諸菩薩　无量劫行道　聞我說壽命　是則能信受
如是諸人等　頂受此經典　願我於未來　長壽度衆生
如今日世尊　諸釋中之王　道場師子吼　說法无所畏
我等未來世　一切所尊敬　坐於道場時　說壽亦如是
若有深心者　清淨而質直　多聞能揔持　隨義解佛語
如是之人等　於此无有疑
又阿逸多若有聞佛壽命長遠解其言趣是
人所得功德无有限量能起如來无上之慧
何況廣聞是經若教人聞若自持若教人持
若自書若教人書若以華香瓔珞幢幡繒蓋
香油蘇燈供養經卷是人功德无量无邊能
生一切種智阿逸多若善男子善女人聞我
說壽命長遠深心信解則為見佛常在耆闍
崛山共大菩薩諸聲聞衆圍遶說法又見此
娑婆世界其地瑠璃坦然平正閻浮檀金以

娑婆世界其地瑠璃坦然平正閻浮檀金以
界八道寶樹行列諸臺樓觀皆悉寶成其菩
薩眾咸處其中若有能如是觀者當知是為
深信解相又復如來滅後若聞是經而不毀
此起隨喜心當知已為深信解相何況讀誦
受持之者斯人則為頂戴如來阿逸多是善
男子善女人不須為我復起塔寺及作僧坊
以四事供養眾僧所以者何是善男子善女
人受持讀誦是經典者為已起塔造立僧坊
供養眾僧則為以佛舍利起七寶塔高廣漸
小至于梵天懸諸幡蓋及眾寶鈴華香瓔珞
末香塗香燒香眾鼓伎樂簫笛箜篌種種儛
戲以妙音聲歌唄讚頌則為於无量千万億
劫作是供養已阿逸多若我滅後聞是經典
有能受持若自書若教人書則為起立僧坊

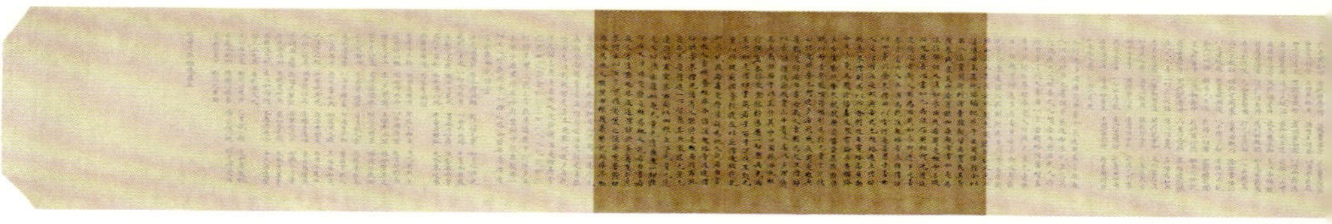

以赤栴檀作諸殿堂三十有二高八多羅樹
高廣嚴好百千比丘於其中止園林浴池經
行禪窟衣服飲食床褥湯藥一切樂具充滿
其中如是僧坊堂閣若干百千万億其數无
量以此現前供養於我及比丘僧是故我說
如来滅後若有受持讀誦為他人說若自書
若教人書供養經卷不須復起塔寺及造僧
坊供養衆僧況復有人能持是經兼行布施
持戒忍辱精進一心智慧其德最勝无量无
邊譬如虛空東西南北四維上下无量无邊
是人功德亦復如是无量无邊疾至一切種
智若人讀誦受持是經為他人說若自書若
教人書復能起塔及造僧坊供養讚歎聲聞
衆僧亦以百千万億讚歎之法讚歎菩薩功
德又為他人種種因緣隨義解說此法華經

德又為他人種種因緣隨義解說此法華經
復能清淨持戒與柔和者而共同止忍辱无
嗔志念堅固常貴坐禪得諸深定精進勇猛
攝諸善法利根智慧善荅問難阿逸多若我
滅後諸善男子善女人受持讀誦是經典者
復有如是諸善功德當知是人已趣道場近
阿耨多羅三藐三菩提坐道樹下阿逸多是
善男子若坐若立若行處此中便應起塔一
切天人皆應供養如佛之塔尒時世尊欲重
宣此義而說偈言

若我滅度後　能奉持此經　斯人福无量　如上之所說
是則為具足　一切諸供養　以舍利起塔　七寶而莊嚴
表剎甚高廣　漸小至梵天　寶鈴千万億　風動出妙音
又於无量劫　而供養此塔　華香諸瓔珞　天衣衆伎樂
然香油蘇燈　周匝常照明

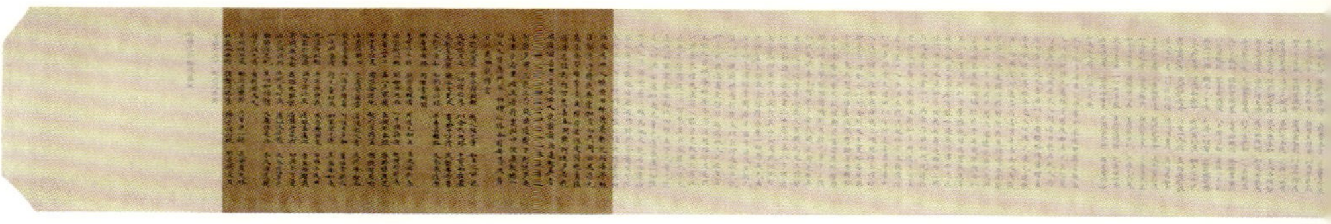

惡世法末時　能持是經者　則為已如上　具足諸供養
若能持此經　則如佛現在　以牛頭栴檀　起僧坊供養
堂有三十二　高八多羅樹　上饌妙衣服　牀卧皆具足
百千衆住處　園林諸流池　經行及禪窟　種種皆嚴好
若有信解心　受持讀誦書　若復教人書　及供養經卷
散華香末香　以須曼瞻蔔　阿提目多伽　薰油常然之
如是供養者　得无量功德　如虛空无邊　其福亦如是
況復持此經　兼布施持戒　忍辱樂禪定　不瞋不惡口
恭敬於塔廟　謙下諸比丘　遠離自高心　常思惟智慧
有問難不瞋　隨順為解說　若能行是行　功德不可量
若見此法師　成就是功德　應以天華散　天衣覆其身
頭面接足礼　生心如佛想　又應作是念　不久詣道樹
得无漏无為　廣利諸天人
其所住止處　經行若坐卧　乃至說一偈　是中應起塔
莊嚴令妙好　種種以供養　佛子住此地　則是佛受用

BD00624　妙法蓮華經卷五

莊嚴令妙好　種種以供養　佛子住此地　則是佛受用

常在於其中　經行及坐卧

妙法蓮華經卷第五

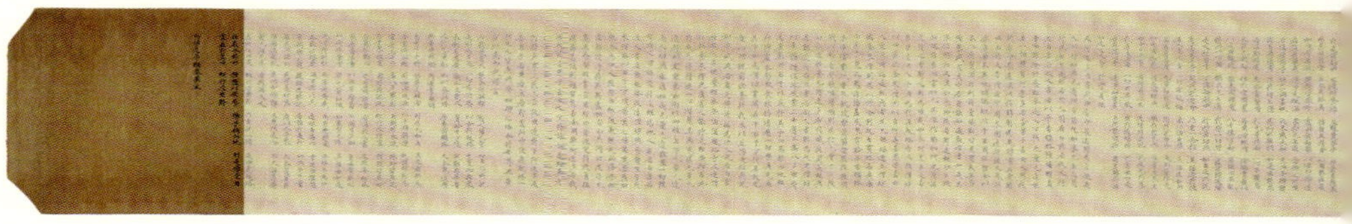

BD00625

維摩詰所說經卷中

（後秦）鳩摩羅什 譯

98cm × 26cm

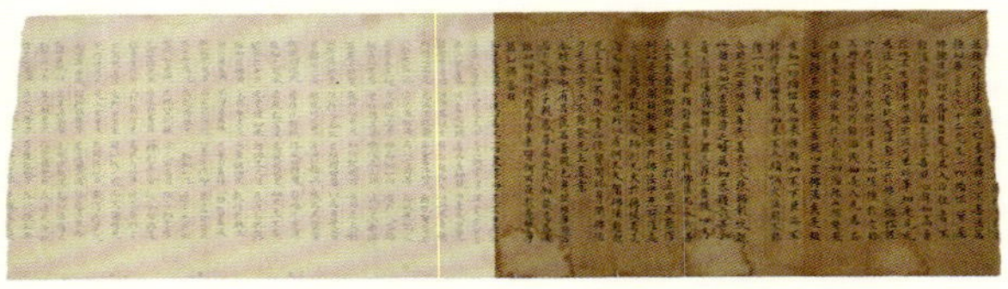

蓋為種六入為種七識處
為種八邪法為種九惱處為種十不善法為
種以要言之六十二見及一切煩惱皆是
佛種曰何謂也答曰若見无為入正位者不
能復發阿耨多羅三藐三菩提心譬如高原
陸地不生蓮華卑濕淤泥乃生此華如是見无
為法入正位者終不復能生於佛法煩惱泥
中乃有衆生起佛法耳又如殖種於空終
不得生糞壤之地乃能滋茂如是入无為正
位者不生佛法起於我見如須弥山猶能發
于阿耨多羅三藐三菩提心生佛法矣是故
當知一切煩惱為如來種譬如不下巨海不
能得无價寶珠如是不入煩惱大海則不能
得一切智寶

尒時大迦葉嘆言善哉善哉文殊師利快說
此語誠如所言塵勞之疇為如來種我等今
者不復堪任發阿耨多羅三藐三菩提心乃
至五无間罪猶能發意生於佛法而今我等
永不能發譬如根敗之士其於五欲不能復
利如是聲聞諸結斷者於佛法中无所復益
永不志願是故文殊師利凡夫於佛法有反
復而聲聞无也所以者何凡夫聞佛法能起
无上道心不斷三寶正使聲聞終身聞佛法
力无畏等永不能發无上道意
尒時會中有菩薩名普現色身問維摩詰言
居士父母妻子親戚眷屬吏民知識悉為是
誰奴婢僮僕象馬車乘皆何所在於是維摩
詰以偈答曰
智度菩薩母　方便以為父　一切衆導師　无不由是生

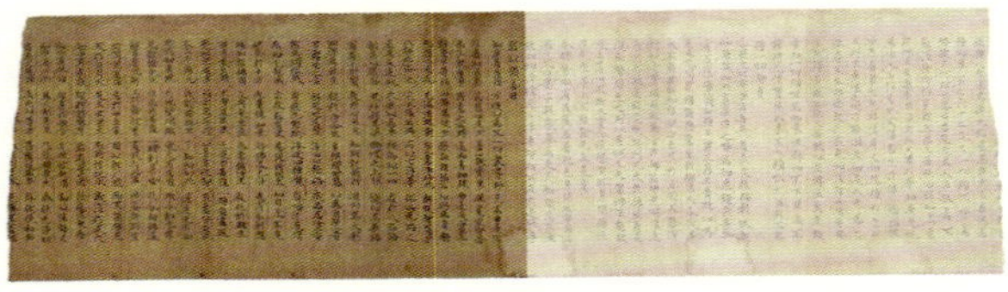

詰以偈荅曰
知度菩薩母　方便以為父　一切衆導師　无不由是生
法喜以為妻　慈悲心為女　善心誠實男　畢竟空寂舍
弟子衆塵勞　隨意之所轉　道品善知識　由是成正覺
諸度法等侶　四攝為伎女　歌詠誦法言　以此為音樂
摠持之園苑　无漏法林樹　覺意淨妙花　解脫智慧果
八解之浴池　定水湛然滿　布以七淨華　浴此无垢人
象馬五通馳　大乘以為車　調御以一心　遊於八正路
相具以嚴容　衆好飾其姿　慚愧之上服　深心為華鬘
富有七財寶　教授以滋息　如所說脩行　迴向為大利
四禪為牀坐　從於淨命生　多聞增智慧　以為自覺音
甘露法之食　解脫味為漿　淨心以澡浴　戒品為塗香
摧滅煩惱賊　勇健无能踰　降伏四種魔　勝幡建道場
雖知无起滅　示彼故有生　悉現諸國土　如日无不見

供養於十方　无量億如来　諸佛及己身　无有分别想
雖知諸佛國　及與衆生空　而常脩淨土　教化於群生
諸有衆生類　形聲及威儀　无畏力菩薩　一時能盡現
覺知衆魔事　而示隨其行　以善方便智　隨意皆能現
或示老病死　成就諸群生　了知如幻化　通達无有礙
或現劫盡燒　天地皆烱然　衆人有常想　照令知无常
无數億衆生　俱来請菩薩　一時到其舍　化令向佛道
經書禁呪術　工巧諸伎藝　盡現行此事　饒益諸群生
世間衆道法　悉於中出家　因以解人惑　而不墮邪見
或作日月天　梵王世界主　或時作地水　或復作風火
劫中有疾疫　現作諸藥草　若有服之者　除病消衆毒
劫中有飢饉　現身作飲食　先救彼飢渴　却以法語人
劫中有刀兵　為人起慈悲　化彼諸衆生　令住无諍地
若有大戰陣　立之以等力　菩薩現威勢　降伏使和安
　　　　　　　　　　　　輒往到于彼　勉濟其苦惱

BD00626

金剛般若波羅蜜經

（後秦）鳩摩羅什 譯

108.1cm × 25.6cm

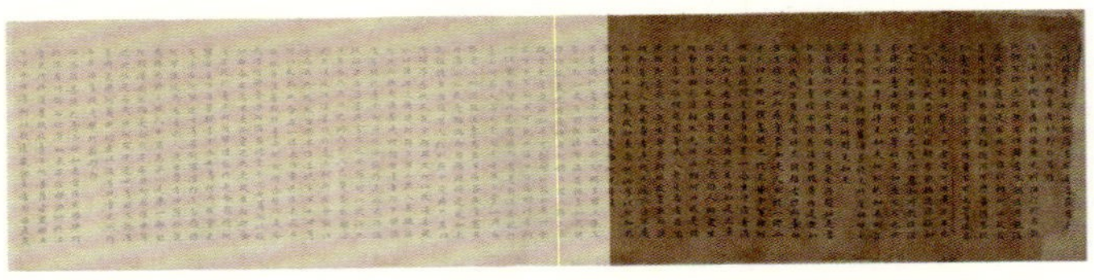

度之

生得滅度者何以故須菩提若菩薩有我

人相衆生相壽者相即非菩薩

復次須菩提菩薩於法應无所住行於布施

所謂不住色布施不住聲香味觸法布施須

菩提菩薩應如是布施不住於相何以故若

菩薩不住相布施其福德不可思量須菩提

於意云何東方虛空可思量不不也世尊須菩

提南西北方四維上下虛空可思量不不也

世尊須菩提菩薩无住相布施福德亦復如

是不可思量須菩提菩薩但應如所教住須

菩提於意云何可以身相見如來不不也世

尊不可以身相得見如來何以故如來所說

身相即非身相佛告須菩提凡所有相皆是

虛妄若見諸相非相則見如來
須菩提白佛言世尊頗有衆生得聞如是言
說章句生實信不佛告須菩提莫作是說如
來滅後後五百歲有持戒脩福者於此章句
能生信心以此為實當知是人不於一佛二
佛三四五佛而種善根已於无量千万佛所
種諸善根聞是章句乃至一念生淨信者須
菩提如來悉知悉見是諸衆生得如是无量
福德何以故是諸衆生无復我相人相衆生
相壽者相无法相亦无非法相何以故是諸
衆生若心取相則為著我人衆生壽者若取
法相即著我人衆生壽者何以故若取非法
相即著我人衆生壽者是故不應取法不應
取非法以是義故如來常說汝等比丘知我
說法如筏喻者法尚應捨何況非法

BD00626　金剛般若波羅蜜經

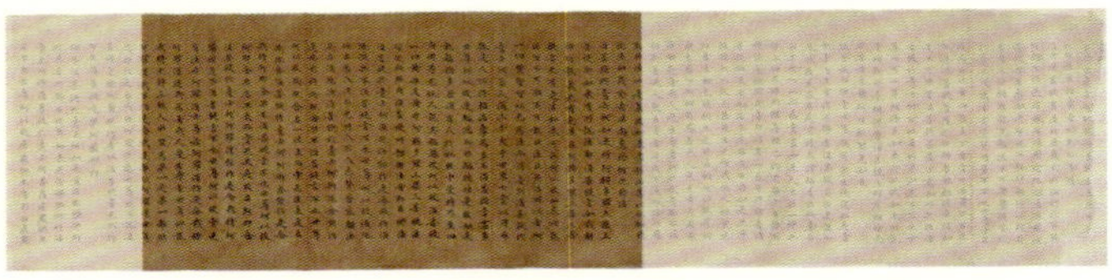

取非法以是義故如來常說汝等比丘知我
說法如筏喻者法尚應捨何況非法
須菩提於意云何如來得阿耨多羅三藐三
菩提耶如來有所說法耶須菩提言如我解
佛所說義无有定法名阿耨多羅三藐三菩
提亦无有定法如來可說何以故如來所說
法皆不可取不可說非法非非法所以者何
一切賢聖皆以无為法而有差別須菩提於
意云何若人滿三千大千世界七寶以用布
施是人所得福德寧為多不須菩提言甚多
世尊何以故是福德即非福德性是故如來
說福德多若復有人於此經中受持乃至四
句偈等為他人說其福勝彼何以故須菩提
一切諸佛及諸佛阿耨多羅三藐三菩提法
皆從此經出須菩提所謂佛法者即非佛法

須菩提於意云何須陁洹能作是念我得須
陁洹果不須菩提言不也世尊何以故須陁
洹名為入流而无所入不入色聲香味觸法
是名須陁洹須菩提於意云何斯陁含能作
是念我得斯陁含果不須菩提言不也世尊
何以故斯陁含名一往来而實无往来是名
斯陁含須菩提於意云何阿那含能作是念
我得阿那含果不須菩提言不也世尊何以故
阿那含名為不来而實无来是故名阿那含
須菩提於意云何阿羅漢能作是念我得阿
羅漢道不須菩提言不也世尊何以故實无
有法名阿羅漢世尊若阿羅漢作是念我得
阿羅漢道即為著我人衆生壽者世尊佛說
我得无諍三昧人中最為第一是第一離欲
阿羅漢我不作是念我是離欲阿羅漢世尊

阿羅漢我不作是念我是離欲阿羅漢世尊
我若作是念我得阿羅漢道世尊則不説須
菩提是樂阿蘭那行者以須菩提實无所行
而名須菩提是樂阿蘭那行
佛告須菩提於意云何如来昔在然燈佛所
於法有所得不世尊如来在然燈佛所於法
實无所得須菩提於意云何菩薩莊嚴佛土
不不也世尊何以故莊嚴佛土者則非莊嚴

BD00627 維摩詰所說經卷中

（後秦）鳩摩羅什 譯

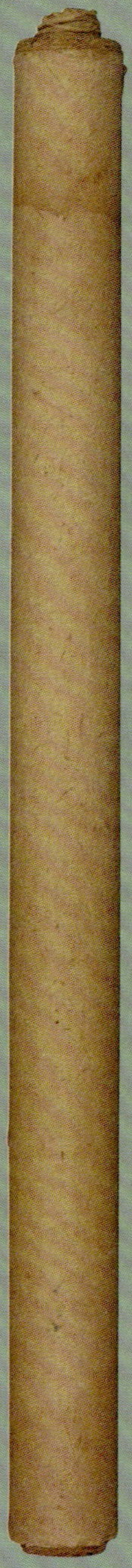

111.5cm×26cm

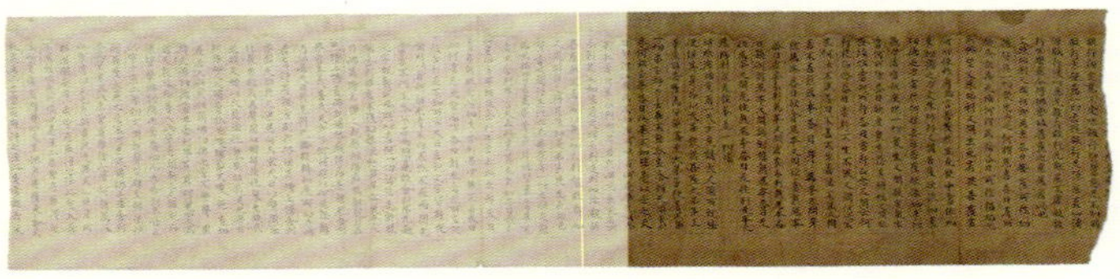

[illegible]故行精進慈荷[illegible]
故行禪定慈不受味故行智慧慈无不知時
故行方便慈一切示現故行无隱慈直心清
淨故行深心慈无雜行故行无誑慈不虛假故
行安樂慈令得佛樂故菩薩之慈爲若此也
文殊師利又問何謂爲悲答曰菩薩所作功
德皆與一切衆生共之何謂爲喜答曰有所
饒益歡喜无悔何謂爲捨答曰所作福祐无
所悕望文殊師利又問生死有畏菩薩當
何所依維摩詰言菩薩於生死畏中當依如
來功德之力文殊師利又問菩薩欲依如來
功德之力當於何住答曰菩薩欲依如來功
德力者當住度脫一切衆生又問欲度衆生
當何所除答曰欲度衆生除其煩惱又問欲

除煩惱當何所行答曰當行正念又問去何
行於正念答曰當行不生不滅又問何法不
生何法不滅答曰不善不生善法不滅又問
善不善孰為本答曰身為本又問身
孰為本答曰欲貪為本又問欲貪孰為本
答曰虛妄分別為本又問虛妄分別孰為本答
曰顛倒想為本又問顛倒想孰為本答曰无
住為本又問无住孰為本答曰无住則无本文
殊師利從无住本立一切法
時維摩詰室有一天女見諸大人聞所說法
便現其身即以天華散諸菩薩大弟子上
華至諸菩薩即皆墮落至大弟子便著不墮
一切弟子神力去華不能令去尒時天問舍利
弗何故去華答曰此華不如法是以去之天

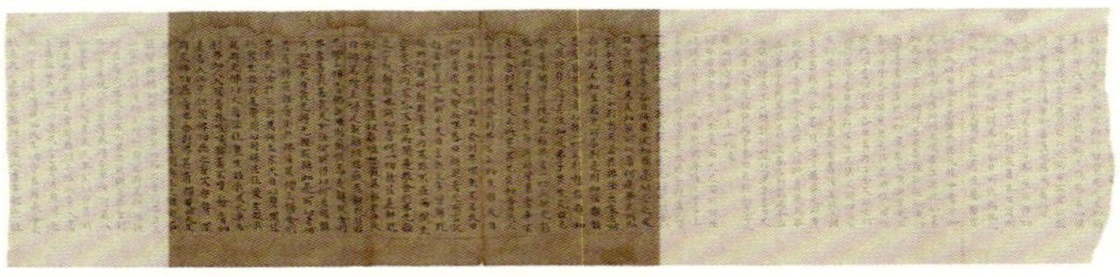

一切弟子神力去華不能令去天問舍利
弗何故去華答曰此華不如法是以去之天
曰勿謂此華為不如法所以者何是華无所分
別仁者自生分別想耳若於佛法出家有所
分別為不如法若无所分別是則如法觀諸
菩薩華不著者以斷一切分別想故譬如
人畏時非人得其便如是弟子畏生死故色
聲香味觸得其便也已離畏者一切五欲无能
為也結習未盡華著身耳結習盡者華不
著也舍利弗言天止此室其已久如答曰我止
此室如耆年解脫舍利弗言止此久邪天曰
耆年解脫亦何如久舍利弗嘿然不答天曰
如何耆舊大智而嘿答曰解脫者无所言說
故吾於是不知所云天曰言說文字皆解脫
相所以者何解脫者不內不外不在兩間文

字亦不內不外不在兩間是故舍利弗无離
文字說解脫也所以者何一切諸法是解脫
相舍利弗言不復以離婬怒癡為解脫乎天
曰佛為增上慢人說離婬怒癡為解脫耳若
无增上慢者佛說婬怒癡性即是解脫舍利
弗言善哉善哉天女汝何所得以何為證辯
乃如是天曰我无得无證故辯如是所以者何
若有得有證者則於佛法為增上慢舍利
弗問天汝於三乘為何志求天曰以聲聞法
化衆生故我為聲聞以因緣法化衆生故我
為辟支佛以大悲法化衆生故我為大乘舍
利弗如人入瞻蔔林唯嗅瞻蔔不嗅餘香如
是若入此室但聞佛功德之香不樂聲聞
辟支佛功德香也舍利弗其有釋梵四天王
入此室者聞斯上人講說正

辟支佛功德香也舍利弗其有釋梵四天王
諸天龍鬼神等入此室者聞斯上人講說正
法皆樂佛功德之香發心而出舍利弗吾止
此室十有二年初不聞說聲聞辟支佛法但
聞菩薩大慈大悲不可思議諸佛之法舍利
弗此室常現八未曾有難得之法何謂為八
此室常以金色光照晝夜无異不以日月所
照為明是為一未曾有難得之法此室入者
不為諸垢之所惱也是為二未曾有難得之
法此室常有釋梵四天王他方菩薩來會不
絕是為三未曾有難得之法此室常說六波

BD00628　無量壽宗要經（甲本）

220.5cm × 31cm

大乘无量壽經

如是我聞一時薄伽梵在舍衛國祇樹給孤與大苾芻僧

衆俱同會爾時世尊告曼殊室利童子曼殊上方

号无量壽智決定王如來阿耨多羅三藐三菩提現爲衆生開示說法曼

南閻浮提人皆短壽大限百年於中殀枉橫死者衆曼殊如是无量壽如來

稱法要若有衆生得聞名号若自書或使人書能爲經卷受持讀誦若於舍宅所住

種種花鬘瓔珞塗香末香而爲供養如其命盡復得延年滿足一百歲

得聞是无量壽智決定王如來一百八名号者益其長壽若有衆生大命將

來名号更得增壽如是曼殊若有善男子善女人欲求長壽於是无量壽如來

有得聞者或自書使人書受持讀誦得如是等果報福德具足陁羅尼曰

南謨薄伽勃底一阿波唎蜜多二阿喻紇硯娜三須毗你室指多四羅佐耶五怛他羯他耶六怛姪

他唵七薩婆桑悉迦囉八波唎輸底九達磨底十伽迦娜十一莎訶某持迦底十二薩婆婆毗

輸底十三摩訶娜耶十四波唎輸底九達磨底十伽迦娜十一莎呵某持

世尊復告曼殊室利如是如來一百八名号若有自書或使人書爲經卷受持讀誦如壽盡

復滿百年壽終此身後得往生无量福智世界无量壽淨土陁羅尼曰

復滿百年壽終此身後得往生无量福智世界无量壽淨土陁羅尼曰

南謨薄伽勃底一阿波唎蜜多二阿喻紇硯娜三須毗你尸指多四囉佐耶五怛他羯他耶六

怛姪他唵七薩婆桒悉迦羅八波唎輸底九達磨底十伽迦娜十一莎訶其持迦底十二薩婆婆

毗輸底十三摩訶娜耶十四波唎婆嚟莎訶十五

尒時復有九十九姟佛等一時同聲說是无量壽宗要經陁羅尼曰

南謨薄伽勃底一阿波唎蜜多二阿喻紇硯娜三須毗你尸指多四囉佐耶五怛他羯他耶六

怛姪他唵七薩婆桒悉迦囉八波唎輸底九達磨底十伽迦娜十一莎訶其持迦底十二薩婆婆

毗輸底十三摩訶娜耶十四波唎婆嚟莎訶十五

尒時復有一百四姟佛等一時同聲說是无量壽宗要經陁羅尼曰

南謨薄伽勃底一阿波唎蜜多二阿喻紇硯娜三須毗你尸指多四囉佐耶五怛他羯他耶六怛

姪他唵七薩婆桒悉迦囉八波唎輸底九達磨底十伽迦娜十一莎訶其持迦底十二薩婆婆

毗輸底十三摩訶娜耶十四波唎婆嚟莎訶十五

尒時復有七姟佛等一時同聲說是无量壽宗要經陁羅尼曰

南謨薄伽勃底一阿波唎蜜多二阿喻紇硯娜三須毗你尸指多四囉佐耶五怛他羯他耶六

怛姪他唵七薩婆桒悉迦羅八波唎輸底九達磨底十伽迦娜十一莎訶其持迦底十二薩

婆毗輸底十三摩訶娜耶十四波唎婆嚟莎訶十五

婆毗輸底十三摩訶娜耶十四波唎婆嚩莎呵十五
尒時復有六十五殑佛一時同聲說是无量壽宗要經陁羅尼曰
南謨薄伽勃底一阿波唎蜜多二阿喻紇硯娜三須毗你尸指多四囉佐耶五怛他羯他耶六
怛姪他唵七薩婆桒悉迦囉八波唎輸底九達磨底十伽迦娜十一莎呵某持迦底十二薩
婆婆毗輸底十三摩訶娜耶十四波唎婆嚩莎呵十五
尒時復有五十五殑佛一時同聲說是无量壽宗要經陁羅尼曰
南謨薄伽勃底一阿波唎蜜多二阿喻紇硯娜三須毗你尸指多四囉佐耶五怛他羯他耶六
怛姪他唵七薩婆桒悉迦囉八波唎輸底九達磨底十伽迦娜十一莎呵某持迦底十二薩
婆婆毗輸底十三摩訶娜耶十四波唎婆嚩莎呵十五
尒時復有四十五殑佛一時同聲說是无量宗要經陁羅尼曰
南謨薄伽勃底一阿波唎蜜多二阿喻紇硯娜三須毗你尸指多四囉佐耶五怛他羯他耶六
怛姪他唵七薩婆桒悉迦囉八波唎輸底九達磨底十伽迦娜十一莎呵某持迦底十二薩
婆婆毗輸底十三摩訶娜耶十四波唎婆嚩莎呵十五
尒時復有三十六殑佛一時同聲說是无量壽宗要經陁羅尼曰
南謨薄伽勃底一阿波唎蜜多二阿喻紇硯娜三須毗你尸指多四囉佐耶五怛他羯
他耶六怛姪他唵七薩婆桒悉迦囉八波唎輸底九達磨底十伽迦娜十一莎呵某持迦底十二

他耶六怛姪他唵七薩婆桒悉迦囉八波唎輸底九達磨底十伽迦娜十一莎呵其持迦底十二
薩婆婆毗輸底十三摩訶娜耶十四波唎婆嚩嚟莎呵十五
尒時復有二十五殑佛一時同聲說是无量壽宗要經陀羅尼曰
南謨薄伽勃底一阿波唎蜜多二阿喻紇硯娜三須毗你尸指多四囉佐耶五怛他羯
他耶六怛姪他唵七薩婆桒悉迦囉八波唎輸底九達磨底十伽迦娜十一莎呵其持迦底十二
薩婆婆毗輸底十三摩訶娜耶十四波唎婆嚩嚟莎呵十五
尒時復有恒河沙殑佛一時同聲說是无量壽宗要經陀羅尼曰
南謨薄伽勃底一阿波唎蜜多二阿喻紇硯娜三須毗你尸指多四囉佐耶五怛姪他
羯他耶六怛姪他唵七薩婆桒悉迦囉八波唎輸底九達磨底十伽迦娜十一莎呵其持
迦底十二薩婆婆毗輸底十三摩訶娜耶十四波唎婆嚩嚟莎呵十五
善男子若有自書寫教人書寫是无量壽宗要經如其命盡復得長壽六滿年陀羅尼曰
南謨薄伽勃底一阿波唎蜜多二阿喻紇硯娜三須毗你尸指多四囉佐耶五怛他羯他耶六
怛姪他唵七薩婆桒悉迦囉八波唎輸底九達磨底十伽迦娜十一莎呵其持迦底十二薩
婆婆毗輸底十三摩訶娜耶十四波唎婆嚩嚟莎呵十五
若有自書寫教人書寫是无量壽宗要經讀誦受持畢竟不墮地獄在在所生得宿命
智陀羅尼曰　南謨薄伽勃底一阿波唎蜜多二阿喻紇硯娜三須毗你尸指多四囉
佐耶五怛他羯他耶六怛姪他唵七薩婆桒悉迦囉八波唎輸底九達磨底十伽迦娜十一

智陁羅尼日　南謨薄伽勃底一阿波唎蜜多二阿喻紇硯娜三須毗你尸指多四囉
佐耶五怛他羯他耶六怛姪他唵七薩婆桒悉迦囉八波唎輸底九達磨底十伽迦娜十一
莎呵其持迦底十二薩婆婆毗輸底十三摩訶娜耶十四波唎婆嚟莎呵十五
若有自書寫教人書寫是无量壽宗要經受持讀誦如同書寫八万四千一切經典陁羅尼日
南謨薄伽勃底一阿波唎蜜多二阿喻紇硯娜三須毗你尸指多四囉佐耶五怛他羯他耶六
怛姪他唵七薩婆桒悉迦囉八婆唎輸底九達磨底十伽迦娜十一莎呵其持迦底十二
薩婆婆毗輸底十三摩訶娜耶十四波唎婆嚟莎呵十五
若有自書寫教人書寫是无量壽宗要經受持讀誦即是書寫八万四千部建立塔廟陁羅尼日
南謨薄伽勃底一阿波唎蜜多二阿喻紇硯娜三須毗你尸指多四囉佐耶五怛他羯他
耶六怛姪他唵七薩婆桒悉迦囉八波唎輸底九達磨底十伽迦娜十一莎呵其持迦底十二
薩婆婆毗輸底十三摩訶娜耶十四波唎婆嚟莎呵十五
若有自書寫教人書寫是无量壽宗要經能消无五間等一切重罪陁羅尼日
南謨薄伽勃底一阿波唎蜜多二阿喻紇硯娜三須毗你尸指多四囉佐耶五怛他羯他耶六
怛姪他唵七薩婆桒悉迦囉八波唎輸底九達磨底十伽迦娜十一莎呵其持迦底十二薩
婆婆毗輸底十三摩訶娜耶十四波唎婆嚟莎呵十五
若有自書寫教人書寫是无量壽宗要經受持讀誦設有重罪猶如須弥盡能除滅陁羅尼日
南謨薄伽勃底一阿波唎蜜多二阿喻紇硯娜三須毗你尸指多四囉佐耶五怛他羯他耶六

南謨薄伽勃底一阿波唎蜜多二阿喻紇硯娜三須毗你尸栺多四囉佐耶五怛他羯他耶六
怛姪他唵七薩婆桒悉迦囉八波唎輸底九達磨底十伽迦娜十一莎訶其持迦底十二薩婆
婆毗輸底十三摩訶娜耶十四波唎婆㘓莎訶十五
若有自書寫教人書寫是无量壽宗要經受持讀誦若魔魔之眷屬夜叉羅剎不得其便終无
枉死陁羅尼曰　南謨薄伽勃底一阿波唎蜜多二阿喻紇硯娜三須毗你尸栺多四囉佐
耶五怛他羯他耶六怛姪他唵七薩婆桒悉迦囉八波唎婆底九達磨底十伽迦娜十一莎訶其
持迦底十二薩婆婆毗輸底十三摩訶娜耶十四波唎婆㘓莎訶十五
若有自書寫教人書寫是无量壽宗要經受持讀誦當命終時有九十九殑佛現其人前來千
佛授手能遊一切佛剎莫於此經生疑惑陁羅尼曰
南謨薄伽勃底一阿波唎蜜多二阿喻紇硯娜三須毗你尸栺多四囉佐耶五怛他羯他耶六怛姪
他唵七薩婆桒悉迦囉八波唎輸底九達磨底十伽迦娜十一莎訶其持迦底十二薩婆婆毗輸
底十三摩訶娜耶十四波唎婆㘓莎訶十五
若有自書寫教人書寫是无量壽宗要經受持讀誦常得四天大王隨其衛護陁羅尼曰
南謨薄伽勃底一阿波唎蜜多二阿喻紇硯娜三須毗你尸栺多四囉佐耶五怛他羯他耶六
怛姪他唵七薩婆桒悉迦囉八波唎輸底九達磨底十伽迦娜十一莎訶其持迦底十二薩
婆毗輸底十三摩訶娜耶十四波唎婆㘓莎訶十五

怛姪他唵七薩婆桒悉迦羅八波唎輸底九達磨底十伽迦娜十一莎訶其持迦底十二薩
婆婆毗輸底十三摩訶娜耶十四波唎婆嚩莎訶十五
若有自書寫教人書寫是无量壽宗要經受持讀誦當得往生西方極樂世界阿弥陁淨土陁羅
尼日
南謨薄伽勃底一阿波唎蜜多二阿喻紇硯娜三須毗你尸指多四羅佐耶五怛他
羯他耶六怛姪他唵七薩婆達悉迦羅八波唎輸底九達磨底十伽迦娜十一莎訶其持迦
底十二薩婆婆毗輸底十三摩訶娜耶十四婆唎婆嚩莎訶十五
若有方所自書寫使人書寫是无量壽經典之處則爲是塔皆應恭敬作礼若是畜生或爲
烏獸得聞是經如是等類皆當不久得成一切種智陁羅尼日
南謨薄伽勃底一阿波唎蜜多二阿喻紇硯娜三須毗你尸指多四羅佐耶五怛他羯他耶六
怛姪他唵七薩婆桒悉迦羅八波唎輸底九達磨底十伽迦娜十一莎訶其持迦底十二薩婆
婆毗輸底十三摩訶娜耶十四波唎婆嚩莎訶十五
若有於是无量壽經自書寫使人書畢竟不墮女人身陁羅尼日
南謨薄伽勃底一阿波唎蜜多二阿喻紇硯娜三須毗你尸指多四羅佐耶五怛他羯他耶六
怛姪他唵七薩婆桒悉迦羅八波唎輸底九達磨底十伽迦娜十一莎訶其持迦底十二薩
婆婆毗輸底十三摩訶娜耶十四波唎婆嚩莎訶十五
若有能於是經少分能惠施者等於三千大千世界滿中七寶布施陁羅尼日
南謨薄伽勃底一阿波唎蜜多二阿喻紇硯娜三須毗你尸指多四羅佐耶五怛他羯他耶六

南謨薄伽勃底一阿波唎蜜多二阿喻紇硯娜三須毗你尸指多四囉佐耶五怛他羯他耶六
怛姪他唵七薩婆桑悉迦囉八波唎輸底九達磨底十伽迦娜十一莎呵某持迦底十二薩婆
婆毗輸底十三摩訶娜耶十四波唎婆曬莎呵十五
若有能供養是經者則是供養一切諸經等无有異陁羅尼曰
南謨薄伽勃底一阿波唎蜜多二阿喻紇硯娜三須毗你尸指多四囉佐耶五怛他羯他耶六
怛姪他唵七薩婆桑悉迦囉八波唎輸底九達磨底十伽迦娜十一莎呵某持迦底十二薩婆
婆毗輸底十三摩訶娜耶十四波唎婆曬莎呵十五
如是毗婆尸佛　尸弃佛　毗舍浮佛　俱留孫佛　俱那含牟尼佛　迦葉佛　釋迦牟尼佛
若有人以七寶供養如是七佛其福有限書寫受持是无量壽經典所有功德不可數量陁羅尼曰
南謨薄伽勃底一阿波唎蜜多二阿喻紇硯娜三須毗你尸指多四囉佐耶五怛他羯他耶六怛
姪他唵七薩婆桑悉迦囉八波唎輸底九達磨底十伽迦娜十一莎呵某持迦底十二薩
婆婆毗輸底十三摩訶娜耶十四波唎婆曬莎呵十五
若有七寶等於須弥以用布施其福上能知其限量是无量壽經典其福不可知數陁羅尼曰
南謨薄伽勃底一阿波唎蜜多二阿喻紇硯娜三須毗你尸指多四囉佐耶五怛他羯他耶六
怛姪他唵七薩婆桑悉迦囉八波唎輸底九達磨底十伽迦娜十一莎呵某持迦底十二
薩婆婆毗輸底十三摩訶娜耶十四波唎婆曬莎呵十五

薩婆婆毗輸底十三摩訶娜耶十四波唎婆囉莎訶十五
如是四大海水可知滴數是无量壽經典所生果報不可數量 陁羅尼曰
南謨薄伽勃底一阿波唎蜜多二阿喻紇硯娜三須毗你尸宿多四囉佐耶五怛他羯他耶六
怛姪他唵七薩婆桑悉迦囉八波唎輸底九達磨底十伽迦娜十一莎訶其持迦底十二薩婆
婆毗輸底十三摩訶娜耶十四波唎婆囉莎訶十五
若有自書使人書寫是无量壽經典又能護持供養即如恭敬供養一切十方佛土如來无有別異
陁羅尼曰 南謨薄伽勃底一阿波唎蜜多二阿喻紇硯娜三須毗你尸宿多四囉佐耶五怛他
羯他耶六怛姪他唵七薩婆桑悉迦囉八波唎輸底九達摩底十伽迦娜十一莎訶其持迦
底十二薩婆婆毗輸底十三摩訶娜耶十四波唎婆囉莎訶十五
布施力能成正覺 悟布施力人師子 布施力能聲普聞 慈悲階漸最能入
持戒力能成正覺 悟持戒力人師子 持戒力能聲普聞 慈悲階漸最能入
忍辱力能成正覺 悟忍辱力人師子 忍辱力能聲普聞 慈悲階漸最能入
精進力能成正覺 悟精進力人師子 精進力能聲普聞 慈悲階漸最能入
禪定力能成正覺 悟禪定力人師子 禪定力能聲普聞 慈悲階漸最能入
智慧力能成正覺 悟智慧力人師子 智慧力能聲普聞 慈悲階漸最能入
尒時如來說是經已一切世間天人阿脩羅揵闥婆等聞佛所說皆大歡喜信受奉行

尒時如來說是經已一切世間天人阿脩羅揵闥婆等聞佛所說皆大歡喜信受奉行

佛說无量壽宗要經

索慎言

圖書在版編目（CIP）數據

中國國家圖書館藏敦煌文獻．第四二册 / 中國國家圖書館編．—北京：國家圖書館出版社，2024.12

ISBN 978-7-5013-7965-1

Ⅰ．①中… Ⅱ．①中… Ⅲ．①敦煌學－文獻 Ⅳ．① K870.6

中國國家版本館 CIP 數據核字（2024）第 036727 號

書　　名	中國國家圖書館藏敦煌文獻・第四二册
著　　者	中國國家圖書館　編
項目統籌	魏　崇　殷夢霞
責任編輯	程魯潔　潘　竹　黄　鑫　苗文葉
責任校對	王　哲
出版發行	國家圖書館出版社（北京市西城區文津街 7 號　100034） （原書目文獻出版社　北京圖書館出版社） 010-66114536　63802249　nlcpress@nlc.cn（郵購）
網　　址	http://www.nlcpress.com
排版印裝	天津裕同印刷有限公司
版次印次	2024 年 12 月第 1 版　2024 年 12 月第 1 次印刷
開　　本	787 × 1092　1/8
印　　張	38
書　　號	ISBN 978-7-5013-7965-1
定　　價	2800.00 圓